W0056303

Sehen · Staunen · Wissen

SCHMETTERLINGE

Zünsler,
Margaronia
quadrimaculalis
(China)

Kleine Waldnymphe,
Ideopsis gaura
(Indonesien)

Raupe des
Pappelspinners,
Leucoma salicis
(Europa, Asien)

Raupe des
Abendpfauenauges,
Smerinthus ocellata
(Europa, Asien)

Eulenfalter,
Diphthera
hieroglyphica
(Mittelamerika)

Kometenpfalter,
Argema mittrei
(Madagaskar)

Fensterschwärmer,
Rhodononeura limatula
(Madagaskar)

Roter Segelfalter
Cymothoe coccinata
(Afrika)

Glucke,
Gloveria gargemella
(Nordamerika)

Agamemnonsegelfalter,
Graphium agamemnon
(Asien, Australien)

Russischer Bär,
Euplagia quadripunctaria
(Panaxia qu.)
(Europa, Asien)

Bärenspinner,
Composia credula
(Nord- und Südamerika)

Eulenfalter,
Mazuca strigicincta
(Afrika)

Sehen · Staunen · Wissen

Eulenfalter,
Apsara radians
(Indien, Indonesien)

SCHMETTER-LINGE

Die bezaubernde, farbenfrohe Welt der Tag- und Nachtfalter
Formenreichtum, Verhalten, Lebensgewohnheiten

Text von Paul Whalley

Weißling,
*Dismorphia
amphione*
(Nord-, Mittel-
und Südamerika)

Vogelflügler,
Troides hypolitus
(Hinterindien)

Eulenfalter,
Baorisa hieroglyphica
(Indien, Südostasien)

Birkenspinner,
Endromis versicolora
(Europa)

Zipfelfalter,
Thecla coronata
(Südamerika)

Gerstenberg Verlag

Tagpfauenauge,
Inachis io
(Europa, Asien)

Spanner, *Rhodophitus simplex*
(Südafrika)

Nachtpfauenauge, *Euchroa trimeni*
(Südafrika)

Zünsler,
Ethopia roseilinea
(Südostasien)

Kupferglucke,
Gastropacha quercifolia
(Europa, Asien)

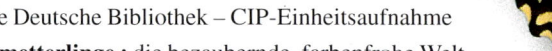

Schwalbenschwanz,
Papilio machaon
(Nordamerika,
Europa, Asien)

Raupe des
Pappelspinners,
Leucoma salicis
(Europa, Asien)

Raupe des
Liguster-
schwärmers,
Sphinx ligustri
(Europa, Asien)

Afrikanischer Wanderfalter,
Catopsilia florella
(Afrika)

Großer
Schwefelweißling,
Phoebis sennae
(Nord- und Mittelamerika)

Die Deutsche Bibliothek – CIP-Einheitsaufnahme

Schmetterlinge : die bezaubernde, farbenfrohe Welt
der Tag- und Nachtfalter ; Formenreichtum, Verhalten,
Lebensgewohnheiten / Text von Paul Whalley.
[Fotogr.: Colin Keates ... Aus dem Engl.
übers. von Margot Wilhelmi]. –
3. Aufl. – Hildesheim : Gerstenberg, 1996
(Sehen, Staunen, Wissen)
Einheitssacht.: Butterfly and moth <dt.>
ISBN 3-8067-4404-1
NE: Whalley, Paul; Keates, Colin;
Wilhelmi, Margot [Übers.]; EST

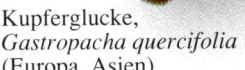

3. Auflage 1996
Ein Dorling-Kindersley-Buch
Originaltitel: Eyewitness Guides: Butterfly & Moth
Copyright © 1988 Dorling Kindersley Ltd., London,
und Editions Gallimard, Paris
Text und Illustrationen Copyright © 1988
Dorling Kindersley Ltd., London
Projektleitung: Michele Byam
Layout und Gestaltung: Jane Owen
Fotografie: Colin Keates
(Natural History Museum, London),
Kim Taylor, Dave King
Wissenschaftliche Beratung: Paul Whalley sowie
Mitarbeiter des Natural History Museum, London

Aus dem Englischen übersetzt von Margot Wilhelmi
Deutsche Ausgabe Copyright © 1989
Gerstenberg Verlag, Hildesheim
Alle Rechte der Vervielfältigung und Verbreitung
einschließlich Film, Funk und Fernsehen sowie
der Fotokopie, Mikrokopie und der
Verarbeitung mit Hilfe der EDV vorbehalten.
Auch auszugsweise Veröffentlichungen außerhalb der
engen Grenzen des Urheberrechts- und Verlagsgesetzes
bedürfen der schriftlichen Zustimmung des Verlages.

Satz: Gerstenberg Druck GmbH, Hildesheim
Printed in Singapore
ISBN 3-8067-4404-1

Inhalt

Riesenschillerfalter,
(Nationales Symbol Japans)
Sasakia charonda

Tag- oder Nachtfalter?

Schmetterlinge sind die wohl bekanntesten und beliebtesten Insekten. Wissenschaftlich gehören sie zur etwa 150000 Arten umfassenden Ordnung *Lepidoptera* (der Name ist griechischen Ursprungs und bedeutet „Schuppenflügler"). Aufgrund einiger leicht erkennbarer Merkmale hat man die Familien der Unterordnung Höhere Schmetterlinge in zwei an sich künstliche Gruppen eingeteilt: die Tag- und die Nachtfalter. Die meisten Tagfalter fliegen am Tag, die meisten Nachtfalter (Klein- und Großschmetterlinge) nachts; viele Tagfalter sind bunt, viele Nachtfalter unauffällig gefärbt; die meisten Tagfalter falten ihre Flügel in Ruhe über dem Körper, die meisten Nachtfalter legen sie flach auf den Körper; Tagfalterfühler besitzen keulig verdickte Enden, die der Nachtfalter sind gefiedert oder glatt. Doch ein in jedem Fall zutreffendes Gruppenunterscheidungs- merkmal gibt es nicht.

MITTELALTERLICHER FALTER
Ein Admiral in einem Manuskript des „Stundenbuchs der Anne von Brittanien" (Flamen, 16. Jahrhundert)

Keulenförmiges Fühlerende

Die Flügel werden über dem Rücken dachartig zusammengelegt.

Die Fühlerspitzen sind nicht keulen- förmig verdickt.

—*Dicker Hinterleib*

UNTERSCHIEDE
Leicht lassen sich die beiden abgebildeten Schmetterlinge, ein afrikanischer Schwärmer, *Euchloron megaera*, und ein mittelamerikanischer Blauer Morphofalter, *Morpho peleides*, den Nacht- bzw. Tagfaltern zuordnen. Wie viele Nachtfalter hat der Schwärmer einen dicken Hinterleib und einfache Fühler, im Gegensatz zu den keulenförmigen Fühlern des Morphofalters. Mit einer Lupe kann man bei dem Schwärmer erkennen, daß Vorder- und Hinterflügel durch eine kleine Hakenborste verbunden sind.

Kurzes Leben – lange Geschichte

Riesige Dinosaurier, umschwärmt von zierlichen Nachtfaltern – ein nur schwer vorstellbares Bild. Doch Fossilfunde belegen, daß die ersten primitiven Nachtfalter vor etwa 140 Millionen Jahren gelebt haben; Tagfalter entstanden erst später. Hier lassen sich die ältesten Fossilien auf etwa 40 Millionen Jahre datieren. Als vor etwa 5 Millionen Jahren die ersten Menschen auftraten, sahen die Schmetterlinge schon so aus wie heute.

AMERIKANISCHER PIONIER (*links*)
Dieser 40 Millionen Jahre alte Edelfalter, *Prodryas persephone,* wurde im fossilen Bett des Floris- santsees in Colorado gefunden.

ÄGYPTISCHE GRABMALEREI
Die alten Ägypter glaubten, daß man nach dem Tod immer noch am Nilufer Vögel jagen und sich an Schmetterlingen erfreuen könne.

Schmetterlinge und andere Insekten

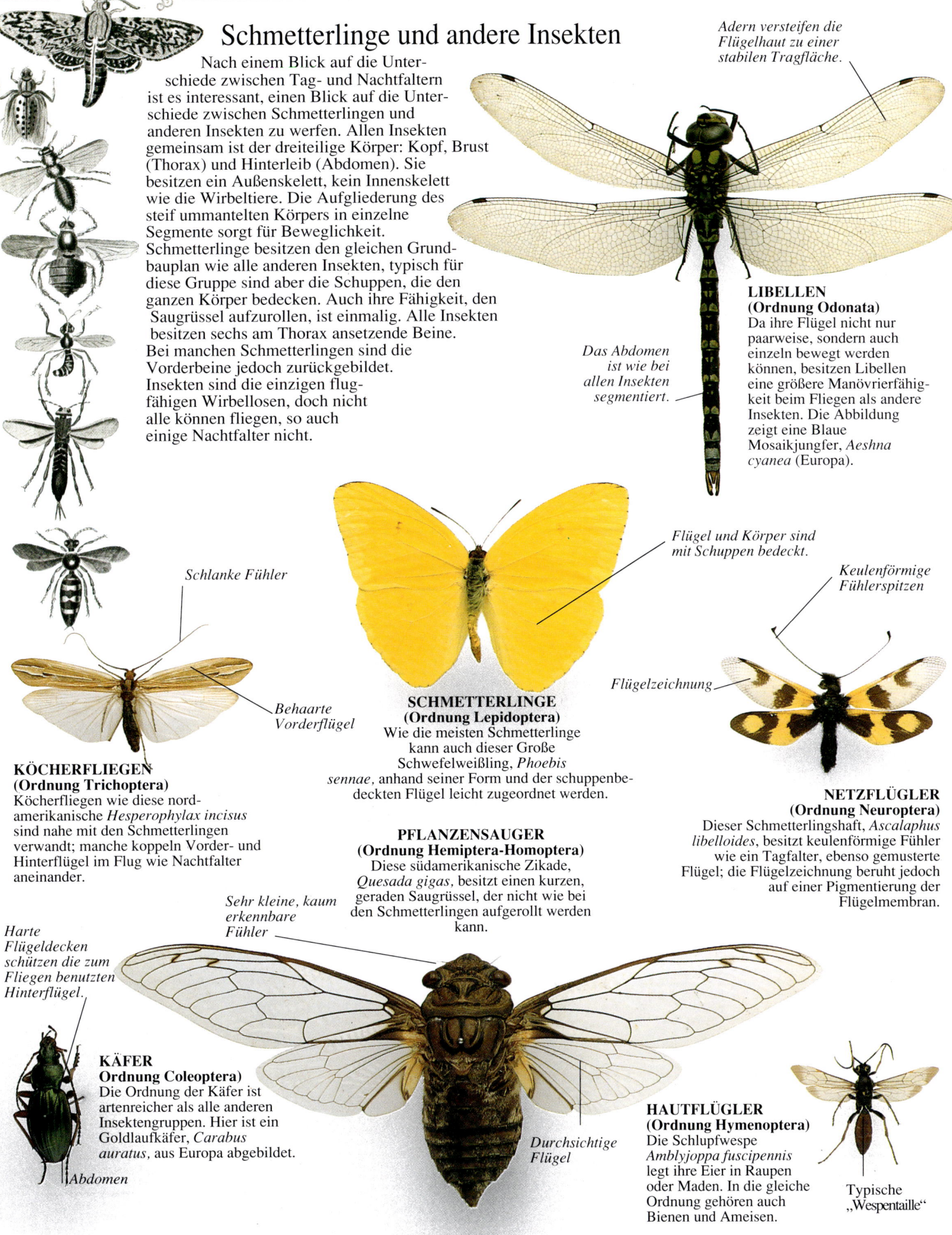

Nach einem Blick auf die Unterschiede zwischen Tag- und Nachtfaltern ist es interessant, einen Blick auf die Unterschiede zwischen Schmetterlingen und anderen Insekten zu werfen. Allen Insekten gemeinsam ist der dreiteilige Körper: Kopf, Brust (Thorax) und Hinterleib (Abdomen). Sie besitzen ein Außenskelett, kein Innenskelett wie die Wirbeltiere. Die Aufgliederung des steif ummantelten Körpers in einzelne Segmente sorgt für Beweglichkeit. Schmetterlinge besitzen den gleichen Grundbauplan wie alle anderen Insekten, typisch für diese Gruppe sind aber die Schuppen, die den ganzen Körper bedecken. Auch ihre Fähigkeit, den Saugrüssel aufzurollen, ist einmalig. Alle Insekten besitzen sechs am Thorax ansetzende Beine. Bei manchen Schmetterlingen sind die Vorderbeine jedoch zurückgebildet. Insekten sind die einzigen flugfähigen Wirbellosen, doch nicht alle können fliegen, so auch einige Nachtfalter nicht.

Adern versteifen die Flügelhaut zu einer stabilen Tragfläche.

LIBELLEN (Ordnung Odonata)
Da ihre Flügel nicht nur paarweise, sondern auch einzeln bewegt werden können, besitzen Libellen eine größere Manövrierfähigkeit beim Fliegen als andere Insekten. Die Abbildung zeigt eine Blaue Mosaikjungfer, *Aeshna cyanea* (Europa).

Das Abdomen ist wie bei allen Insekten segmentiert.

Flügel und Körper sind mit Schuppen bedeckt.

Keulenförmige Fühlerspitzen

Schlanke Fühler

Behaarte Vorderflügel

Flügelzeichnung

KÖCHERFLIEGEN (Ordnung Trichoptera)
Köcherfliegen wie diese nordamerikanische *Hesperophylax incisus* sind nahe mit den Schmetterlingen verwandt; manche koppeln Vorder- und Hinterflügel im Flug wie Nachtfalter aneinander.

SCHMETTERLINGE (Ordnung Lepidoptera)
Wie die meisten Schmetterlinge kann auch dieser Große Schwefelweißling, *Phoebis sennae*, anhand seiner Form und der schuppenbedeckten Flügel leicht zugeordnet werden.

NETZFLÜGLER (Ordnung Neuroptera)
Dieser Schmetterlingshaft, *Ascalaphus libelloides*, besitzt keulenförmige Fühler wie ein Tagfalter, ebenso gemusterte Flügel; die Flügelzeichnung beruht jedoch auf einer Pigmentierung der Flügelmembran.

PFLANZENSAUGER (Ordnung Hemiptera-Homoptera)
Diese südamerikanische Zikade, *Quesada gigas*, besitzt einen kurzen, geraden Saugrüssel, der nicht wie den Schmetterlingen aufgerollt werden kann.

Sehr kleine, kaum erkennbare Fühler

Harte Flügeldecken schützen die zum Fliegen benutzten Hinterflügel.

KÄFER (Ordnung Coleoptera)
Die Ordnung der Käfer ist artenreicher als alle anderen Insektengruppen. Hier ist ein Goldlaufkäfer, *Carabus auratus*, aus Europa abgebildet.

Abdomen

Durchsichtige Flügel

HAUTFLÜGLER (Ordnung Hymenoptera)
Die Schlupfwespe *Amblyjoppa fuscipennis* legt ihre Eier in Raupen oder Maden. In die gleiche Ordnung gehören auch Bienen und Ameisen.

Typische „Wespentaille"

Das Leben eines Schmetterlings

In seinem Leben durchläuft ein Schmetterling vier verschiedene Stadien: Ei, Raupe, Puppe, Fluginsekt. Dabei ist die Zeit von der Ablage der Eier bis zum fertigen Schmetterling von Art zu Art verschieden. Findet die Entwicklung eines Schmetterlings unter höherern Temperaturen statt, wie bei manchen Zünslern, die in Gebäuden, z. B. Kornspeichern, leben, dauert sie nur wenige Wochen, bei anderen Arten einige Jahre. Manchmal bleibt der größte Teil des Zyklus dem menschlichen Auge verborgen. So spielt sich die Entwicklung der Miniermotten in einem einzigen Blatt ab, und nur das erwachsene Insekt verläßt das Blatt. Ebenso verbringen manche Raupen der Holzbohrer Monate oder gar Jahre verborgen im Holz eines Baumes. Andere Arten verbringen ihr ganzes Leben im Freien. Diese sind entweder gut getarnt (S. 54 – 55), oder sie schmecken Räubern nicht. Auch beim Entwicklungszyklus selbst gibt es Unterschiede, so häuten sich z. B. die Raupen mancher Arten weniger oft als die anderer. Diese beiden Seiten zeigen die Entwicklung eines südamerikanischen Tagfalters, des Eulenschmetterlings *Caligo beltrao* (siehe auch S. 16, 22, 35).

Junge Raupe mit frischer, grüner Haut

Ältere Raupe mit brauner Haut, kurz vor der Verpuppung

1 EIER
Die Eier des Eulenschmetterlings besitzen feine Rippen, die an der Spitze zusammenlaufen. Rippen und Eihüllenaufbau (feste Chitinhülle wie beim Insektenkörper, keine zerbrechliche Eischale wie beim Hühnerei) Schützen das Ei vor Austrocknung, ohne die „Atmung" zu unterbinden.

2 RAUPEN
Sobald die Raupe geschlüpft ist, frißt und wächst sie. die zu enge Raupenhaut wird abgestreift, unter der alten Haut entsteht schon eine neue, die ein weiteres Wachstum nach der Häutung erlaubt. Manche Arten der Gattung *Caligo* sind Bananenschädlinge in Mittel- und Südamerika. Die lange, schlanke Raupe ist an der Blattrippe ihrer Futterpflanze kaum zu erkennen.

RÄUBERISCHE RAUPE *(links)*
Der Entwicklungszyklus des Zünslers *Laetilia coccidivora* (Nord- und Südamerika) ähnelt dem anderer Nachtfalter (siehe S. 36 – 37). Die Raupe ernährt sich jedoch räuberisch von Schild- und Blattläusen, die sie auf Pflanzen erbeutet.

SEIDENSPINNER *(rechts)*
Der Entwicklungszyklus des Wilden Seiden-spinners, *Samia cynthia*, (Indien) weist alle typischen Stadien auf, doch als Nachtfalter spinnt sich die Raupe einen dichten Kokon, in dem sie sich dann verpuppt. Sie frißt an unterschiedlichen Pflanzen, u. a. auch am Rhizinusbaum (Abbildung).

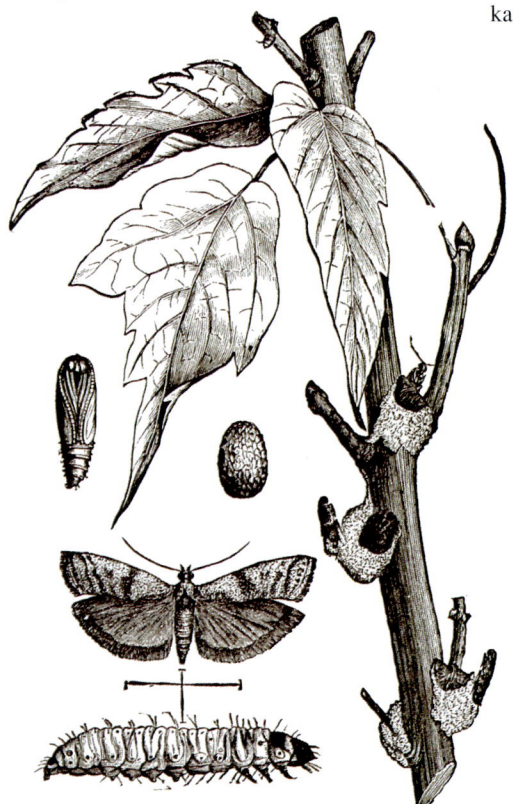

8

WINTERSCHLÄFER

Der Kommafalter, *Polygonia comma* (Nordamerika) und der C-Falter, *Polygonia c-album* (Europa, Asien) sind nah verwandte Nymphaliden oder Edelfalter (S. 29). Ihre Raupen fressen Brennesseln (*Urtica*) oder Hopfen (*Humulus*). Die im Spätsommer schlüpfenden erwachsenen Insekten überwintern als Schmetterlinge (S. 50 – 51).

C-Falter-Raupe

C-Falter-Puppe

Dem kleinen weißen, C-förmigen Fleck am Flügel verdankt der C-Falter seinen Namen.

Auf der Oberseite der Flügel erkennt man beim C-Falter eine schöne, braun-orangefarbene Zeichnung.

Seidenkissen

Atemloch (Stigma)

Kopf

5 SCHMETTERLING *(unten)*

Welch ein Unterschied zum früheren „Freßstadium"! Nun ist der Schmetterling geschlüpft, hat seine Flügel ausgebreitet und wird bald davonflattern. Schmetterlinge leben meist nur wenige Wochen, manche Arten aber auch ein Jahr. Mit den nach einigen Wochen oft zerschlissenen Flügeln können sie immer noch fliegen, doch nicht mehr so elegant wie zuvor. Die Aufgabe des adulten Insekts im Entwicklungszyklus besteht darin, sich zu paaren und die Eier dort abzulegen, wo der Nachwuchs die bestmöglichen Überlebenschancen hat. Schmetterlinge können auf der Suche nach neuen Lebensräumen weite Strecken zurücklegen. Die Paarung erfogt in der Regel bald nach dem Schlüpfen (siehe auch S. 35).

Ein alternder Eulenschmetterling mit zerschlissenen Flügeln saugt an einer Frucht.

3 VERPUPPUNG

In diesem Stadium (S. 20 – 21) ist die Raupe schon etwas dunkler geworden und hat mit Hilfe der Spinndrüsen an ihrer Unterlippe ein kleines Seidenpolster an der Pflanze angebracht. Sie hält sich mit ihren Hinterleibsanhängen (Cremaster) daran fest und hängt nun kopfüber am Ast. Unter ihrer Haut entsteht die Puppenhülle. Langsam, unter Drehen und Winden, streift sie die letzte Raupenhaut ab – die Puppe ist fertig.

4 PUPPE

Die fertige Puppe (S. 23) besitzt weder Beine noch Fühler. Im Inneren der Puppenhülle wird der Körper der Raupe abgebaut, spezialisierte Zellen übernehmen die langsame Umformung zum Schmetterling. Diese vollständige Umwandlung von der Raupe zum Falter, der schließlich die Puppenhülle verläßt, ist einer der bemerkenswertesten Vorgänge in der Natur. Die ovalen Strukturen in jedem Körpersegment sind Atemlöcher. Denn obwohl die Puppe äußerlich inaktiv erscheint, benötigt sie doch viel Sauerstoff und Energie für die Umwandlungen im Inneren.

Paarung und Eiablage

Die wichtigsten Ereignisse im Leben eines Schmetterlings sind Paarung und Eiablage. Die auffälligen Farben, Muster und Formen mancher Arten dienen dazu, das andere Geschlecht anzulocken; außerdem zeigen die meisten Schmetterlinge ein kompliziertes Paarungsverhalten. Außer ausgefeilten Balzflügen und „Tänzen" setzen sie auch Lockstoffe, sogenannte Pheromone ein, um das andere Geschlecht anzulocken. Bei den Tagfaltern lockt in der Regel das Männchen das Weibchen mit solchen Duftstoffen an, bei den Nachtfaltern ist es oft umgekehrt. Nach der Flugbalz läßt sich das Weibchen auf einem Blatt oder einer Blüte nieder. Es hält die Flügel leicht geöffnet, das Männchen landet neben ihr, und die Partner tauschen weiter stimulierende Duftstoffe aus. Dabei berühren sie sich oft mit den Fühlern. Die Paarung dauert meist etwa 20 Minuten, in manchen Fällen aber auch mehrere Stunden. Während dieser Zeit bewegen sich die beiden Insekten nicht von der Stelle.

Darstellung der Schmetterlingsbalz aus dem 19. Jahrhundert

Ringelspinnerweibchen

VOM EI ZUR RAUPE
Die haarige Raupe des Ringelspinners, *Malacosoma neustria* (Europa), frißt die Blätter verschiedener Laubbäume. Die Eier sind auf Seite 11 abgebildet.

Männlicher Olivenölfalter

Weiblicher Olivenölfalter

PAARUNG
Wie diese Olivenölfalter, *Mechanitis polymnia* (Südamerika), paaren sich die meisten Schmetterlinge auf einer Pflanze. Während der Paarung bleiben sie, wenn sie nicht gestört werden, ruhig sitzen, um weniger aufzufallen. Nach der Paarung suchen die Männchen ein neues Weibchen, die Weibchen machen sich auf die Suche nach einer meist ganz speziellen Futterpflanze für die Raupen. Nur einige Schmetterlinge, besonders solche, deren Raupen Gras fressen, streuen ihre Eier im Flug aus.

„ZWEIKÖPFIGER SCHMETTERLING"

Dieses asiatische Ritterfalterpaar sieht aus wie ein zweiköpfiger Schmetterling. In dieser Stellung sind die männlichen und weiblichen Geschlechtsorgane gekoppelt. Das Männchen besitzt einen komplizierten Genitalapparat mit Greiforganen, die das Abdomen des Weibchens festhalten. Die Genitalapparate sind ein wichtiges Artbestimmungsmerkmal.

Ritterfalter-weibchen

Ritterfalter-männchen

SEXUALDIMORPHISMUS *(rechts und rechts unten)*

Bei einigen Schmetterlingsarten sehen die Geschlechter recht unterschiedlich aus; diese Erscheinung nennt man Sexualdimorphismus. Ein Beispiel ist der Aurorafalter, *Anthocharis cardamines* (Europa, Asien), bei dem nur die Männchen orangefarbene Flügelspitzen besitzen, die Weibchen dagegen schwarze. Bei anderen Arten sind die Weibchen größer als die Männchen, die Weibchen einiger Nachtfalter sind flugunfähig (S. 30).

Aurorafaltermännchen: Flügelspitzen leuchtend orange

Aurorafalterweibchen: Flügelspitzen schwarz

Eiablage

Hat das Weibchen die richtige Futterpflanze für die Raupen gefunden, untersucht es sorgfältig ein Blatt, wahrscheinlich um sich zu vergewissern, daß es auch zur richtigen Pflanzenart gehört. Von vielen Arten ist bekannt, daß sie unterschiedliche Pflanzen anhand ihrer chemischen Zusammensetzung unterscheiden: Große und Kleine Kohlweißlinge, *Pieris brassicae* (Europa) und *Pieris rapae* (Europa, Nordamerika, Australien), konnten durch Aufstreichen von Kohlextraktspuren auf Pflanzen, die ihre Raupen sonst nicht fressen, zur Eiablage auf diesen Pflanzen veranlaßt werden.

EIABLAGE BEIM SEIDENSPINNER *(links)*

Dieses Seidenspinnerweibchen hat sein Eipaket auf einem Maulbeerblatt abgelegt. In freier Natur werden nur wenige Eier zu Schmetterlingen. Unter Zuchtbedingungen kann man jedoch aus einem Eipaket Massen von Schmetterlingen züchten (S. 40 – 41).

SCHWIERIGES UNTERFANGEN

Dieser mittelamerikanische Weißling, *Perrhybris pyrra*, legt seine Eier auf der Blattoberseite ab. Dabei ist das Weibchen sehr störungsanfällig, ein heftiger Regen z. B. läßt sie die Eiablage unterbrechen.

Ei

EIABLAGEPLÄTZE

Einige Arten der Gattung *Heliconius* legen ihre Eier auf Ranken der Passionsblume (oben). Der Ringelspinner (S. 10) legt seine Eier in Ringen um einen Zweig, so daß sie wie Pflanzenteile aussehen (unten).

Eier

KURZ VOR DEM SCHLÜPFEN *(rechts)*

Die Eier des asiatischen Blauen Ritterfalters, *Papilio polymnestor*, sind dunkel geworden. Bald schlüpfen die kleinen Raupen (S. 18). Dieser Schmetterling legt seine Eier eher zufällig verteilt, nicht in einem Paket. Dadurch erhöht sich die Chance, daß einige Eier von Raubwanzen übersehen werden.

Eier an der Unterseite eines Blatts

Eine Raupe schlüpft

Schmetterlinge legen in der Regel sehr viele Eier, deren Zahl je nach Art zwischen rund 50 und 1000 schwankt; doch nur aus wenigen wird schließlich ein Schmetterling. Farbe und Oberflächenbeschaffenheit der Eier sind bei den einzelnen Arten sehr unterschiedlich. Manche Eier sind glatt, andere hübsch strukturiert. Es gibt zwei Haupttypen: abgeflachte ovale, in der Regel glatte Eier und längliche oder rundliche mit oft stark strukturierter Oberfläche. Meist legt das Weibchen die Eier auf einem Blatt oder Stengel ab (siehe S. 10 – 11) doch manche Arten, besonders solche mit grasfressenden Raupen – streuen ihre Eier einfach im Flug aus. In beiden Fällen sollen die Raupen so nah wie möglich an ihren Futterpflanzen schlüpfen. Diese beiden Seiten zeigen den Schlupfvorgang eines südamerikanischen Eulenschmetterlings (siehe S. 8 – 9, 16, 23 u. 25).

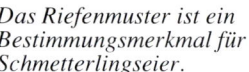
Das Riefenmuster ist ein Bestimmungsmerkmal für Schmetterlingseier.

Tatsächliche Eigröße

Dunklere Farbe: die Raupe wird bald schlüpfen.

IN REIH UND GLIED
Caligo beltrao legt seine Eier in Gruppen ab. Die Farbe der Eier ist unterschiedlich. Sie werden umso dunkler, je näher der Schlüpftermin rückt.

RUHEPHASE
Bei vielen Schmetterlingen unserer Breiten durchlaufen im Herbst abgelegte Eier im Winter eine Ruhephase. Diese Diapause kann nur durch Temperaturschwankungen oder einen Temperaturanstieg nach einem Minimum beendet werden.

ES WIRD WÄRMER
Wenn nach der winterlichen Diapause die Temperaturen klettern und die Raupen überleben und sich entwickeln können, wird das Ei dunkler: die Raupe schlüpft bald.

KREISRUNDES LOCH
Die Raupe muß sich den Weg aus dem Ei freibeißen. Zwar ist die Eihülle nicht hart und spröde wie beim Hühnerei, doch für die winzige Raupe ist das Aufbeißen harte Arbeit: sie muß mit ihren Kiefern ein Loch schneiden, durch das sie den Kopf herausschieben kann.

ZUERST DER KOPF
Kopf und Kiefer der Raupe scheinen unverhältnismäßig groß zu sein, doch die riesigen Mundwerkzeuge sind notwendig, um aus dem Ei herauszukommen. Trotzdem ist es für die kleine Raupe oft schwer, sich mit dem Kopf voran aus der Eihülle zu zwängen. Die dunklen Punkte an den Kopfseiten sind einfache Augen, Ocelli genannt. Auch mit den kleinen Fühlern nimmt die Raupe Informationen über ihre Umwelt auf.

Der Kopf der Raupe erscheint.

Die von der Raupe mit ihren Kiefern aufgeschnittene Öffnung

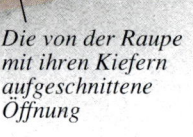

Ocelli

Fühler

Kopf

Ei

Thorax

Abdomen

Die kleinen Fotos
zeigen den
Schlupfvorgang aus
einem anderen
Blickwinkel.

SIE KÄMPFT SICH NACH AUSSEN
Um sich aus der Eihülle zu zwängen,
windet die Raupe Kopf und Körper. In
diesem Stadium ist sie durch Feinde besonders
gefährdet; je schneller sie sich aus dem Ei befreien
kann, desto besser sind ihre Überlebenschancen. Je
mehr vom Körper erscheint, desto deutlicher wird
der Kontrast zwischen Kopf- und Körpergröße.

Ei

Stigma (Atemöffnung)

Thorax

*Je weiter die Raupe geschlüpft
ist, desto einfacher wird das
Herauszwängen aus dem Ei.*

Ocelli

HERAUSZIEHEN
Jetzt sind nur noch die Hinterleibsanhänge der Raupe
im Ei. Mit den vorderen Beinpaaren kann sie sich nun
besser am Blatt festhalten (kleines Bild) und sich
vollständig aus der Eihülle ziehen. Auch die
Segmentierung des Raupenkörpers ist hilf-
reich, da sie ein Drehen und Winden
in allen Richtungen erlaubt.

Behaarter Kopf

Fühler

Abdomen

Mandibeln
oder Kiefer

Beine

Hinterleibsanhänge

DIE ERSTE MAHLZEIT
Sofort nach dem Schlüpfen frißt die Raupe
die Eihülle auf. Viele Raupen können sich
ohne diese Mahlzeit nicht richtig
entwickeln, da die Hülle für das Wachstum
wichtige Nährstoffe enthält.

*Durch die Riefung behält die
leere Eihülle ihre Form.*

13

Raupen

Leider werden Raupen in der Regel nur als Freßmaschinen abgetan. Doch dieses Entwicklungsstadium ist sehr komplex und durchaus interessant. Im Körper der Raupen befinden sich die Zellen, aus denen schließlich der Schmetterling entsteht. Raupen häuten sich mehrmals; dabei wird die alte Haut abgeworfen, und eine neue, elastische, weiteres Wachstum erlaubende Haut kommt zum Vorschein. Das Raupenstadium stellt eine Phase hoher Aktivität dar. Raupen benötigen daher zum Wachsen und Leben viel Nahrung und Sauerstoff. Sie atmen nicht, wie wir, mit Lungen, sondern mit Tracheen, feinen Röhren, die den Körper durchziehen und in einem Stigma in jedem Segment nach außen münden. Der Sauerstoff wird von der Körperflüssigkeit aus den Tracheen aufgenommen. Das Nervensystem der Raupen besitzt im Kopf ein primitives „Gehirn", das Zerebralganglion. Der Kopf ist mit Sinnesorganen ausgestattet, die die Raupe mit Umweltinformationen versorgen. Dazu gehören kurze Fühler und Ocellen, einfache „Augen". Am Kopf befinden sich auch große Kiefer zum Kauen der Pflanzennahrung. Eine Besonderheit der Raupen, die bei den Fluginsekten nicht mehr auftritt, ist die Fähigkeit, aus speziellen Spinndrüsen an der Kopfunterseite Seidenfäden auszuscheiden.

In *Alice im Wunderland* von Lewis Carrol spricht eine Raupe mit Alice.

Abdomen

Horn am Hinter-leibsende

RAUPE DES TOTENKOPFSCHWÄRMERS (Schmetterling unten)

Vier Paare von „Bauchfüßen"

Afterklauen

LABKRAUTSCHWÄRMER (rechts)
Die Raupe des Labkrautschwärmers, *Celerio galii*, ernährt sich, wie ihr Name schon sagt, von Labkräutern, *Galium*. Der Schmetterling ist in Europa und Asien verbreitet, überwintert allerdings in nördlicheren Regionen nicht. Zu den verwandten neuweltlichen Arten gehört auch der in Nordamerika gefürchtete Tomatenschädling *Manduca sexta*.

TOTENKOPF
Der Totenkopfschwärmer, *Acherontia atropos* (Europa, Asien und Afrika), erhielt seinen Namen aufgrund der schädelähnlichen Thoraxzeichnung. Der Schmetterling (S. 43) kann bei Störung laut piepsen, die Raupe reagiert mit „Zähneknirschen" mit den Mundwerkzeugen.

GEFRÄSSIG

Eichenseidenspin-
nerraupen (s. u.)
sind sehr gefräßig.
Wenn sie überhand-
nehmen, fressen sie
einen Baum ohne
weiteres kahl.

*Der Raupenkörper
besteht aus elasti-
schem Gewebe und
ist daher sehr
beweglich und
biegsam.*

Kopf

*Halb aufgefressenes
Eichenblatt*

Klammerfüße

*Das Verblassen der
Farben deutet auf die
baldige Verpuppung hin.*

SCHÜTZENDER PELZ
(links)

Die meisten Vögel und
sonstigen Räuber mögen
keine haarigen Raupen,
doch einige Vögel, z. B.
der Kuckuck, sind auf sie
spezialisiert.

SPANNER *(rechts)*

Bei Spannerraupen, Familie
Geometridae, sind die meisten
Bauchfüße rückgebildet, so daß
sie mit „Spannbewegungen"
vorwärtskriechen (S. 43).

IM STENGEL *(oben)*

Die Raupe des Kürbisbohrers,
Melittia cucurbitae (Norda-
merika), richtet oft großen
Schaden an. Vor Feinden und
Wetter geschützt, bohrt sie
sich durch die Stengel von
Kürbispflanzen.

PROZESSION
(links)

Die Raupen des
Pinienprozessionsspinners,
Thaumetopoea pityocampa
(Europa und Nordafrika), marschieren
„im Gänsemarsch" auf der Suche nach
neuen Futterpflanzen.

*Die Totenkopfschwärmerrau-
pen fressen Kartoffelblätter
und richten zuweilen großen
Schaden an.*

Thorax

Kopf

Antenne

Spinnwarze

Tracheenöffnung

Drei Paare Brustbeine

IN DER LUFT HÄNGEND

Diese Raupe beginnt, sich zu
verpuppen. Mit ihren
Spinndrüsen hat sie ein
Seidenpolster gespon-
nen und hängt nun
kopfüber am Ast. Die
windenden Bewegungen
der Raupe weisen auf
aktive Bewegungen während
der Bildung der Puppe unter
der Raupenhaut hin.

Lippentaster

*Kleine
Fühler*

Kiefer

KRÄFTIGE KIEFER
(links und rechts)

Bei dieser Makroaufnahme
erkennt man die im Verhältnis
zum übrigen Kopf riesigen
Kiefer der Eichenseidenspin-
nerraupe, *Antheraea harti* (auch
S. 62 – 63). Daran erkennt man,
wie wichtig die Kiefer für die
Raupe vom Schlüpfvorgang an
sind (S. 12 – 13). Die Lippentaster sind Sinnesorgane, die zum
Erkennen der Nahrung dienen.

Exotische Raupen

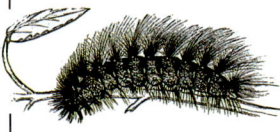

Neben Fressen und Wachsen müssen Raupen auch in einer feindlichen Umwelt überleben können. Daß sie ein Hauptbestandteil der Nahrung sind, mit der Vögel ihre Jungen großziehen, ist für die Raupen nicht gerade günstig. Daher gibt es eine Reihe von Anpassungen in Aussehen und Verhalten, die die Überlebenschancen verbessern. Die auf den folgenden vier Seiten abgebildeten Raupen stammen alle aus den Tropen (siehe S. 32 – 35 und 44 – 47). Wie überall gilt auch dort die Regel „fressen oder gefressen werden." Nicht nur Vögel und Säuger, sondern auch räuberische Insekten fressen gern eine saftige Raupe. Viele Raupen nehmen die in ihren Futterpflanzen enthaltenen Giftstoffe auf und speichern sie. Diese Stoffe sowie eine leuchtende, auf ihre Ungenießbarkeit hinweisende Warnfärbung bewahren viele Raupen vor einem frühen Tod.

Eulenschmetterling,
Caligo beltrao,
(Süd- und Mittelamerika)

Diese Raupen sind noch nicht ausgewachsen.

Lüsterfalter,
Dryas julia,
(Nord-, Mittel- und Südamerika)

KLEINER TIGER
Wie sein Verwandter, der Monarch, besitzt auch der Tigerfalter eine Raupe mit ausgesprochener Warntracht. Die fädigen Körperanhänge (Filamente) schützen die Raupe wohl zusätzlich durch Abgabe übelriechender Stoffe.

Tigerfalter,
Danaus chrysippus,
(Afrika, Südostasien)

Helle Steifen als Warntracht

RAUPENGRUPPE
Die Färbung dieser Eulenschmetterlingsraupen (S. 8 – 9) läßt sie an der Blattrippe weniger auffällig erscheinen. Die Raupen besitzen eine Reihe von fädigen Kopf- und Schwanzanhängen, die wahrscheinlich zur Auflösung ihrer Umrisse beitragen.

Eine Passionsblumenart (Passiflora)

Kurier, *Heliconius melpomene*, (Südamerika)

Monarch,
Danaus plexippus, (Australien, Nord- und Südamerika)

Filamente

WARNTRACHT
Monarchfalter nehmen mit ihrer Nahrung, giftigen Schwalbenwurzgewächsen, Giftstoffe auf. Wenn ein Vogel einmal eine solche Raupe erwischt hat, wird er künftig Monarchraupen meiden.

EINSIEDLER
Die Raupe des in Asien und in der Pazifikregion vorkommenden Samtfalters *Hypolimnas bolina* frißt auf verschiedenen Pflanzen von Malven bis Chrysanthemen. Die Falter ahmen einen ungenießbaren Schmetterling nach (siehe S. 56 – 57: Mimikry).

Rote „Warnstreifen" weisen in der Regel auf eine giftige Raupe hin.

Weibchen von *Hypolimnas bolina*

Raupe von *Hypolimnas bolina* (Südostasien, Australien)

Typische Heliconiidenraupe mit langen Stacheln

Dryas julia, *Raupe*

UNGENIESSBARE BANDE
Die Heliconiiden (Langflügelschmetterlinge) sind besonders schön. Man findet sie im Süden der USA sowie in Mittel- und Südamerika. Wie alle Heliconiiden ernähren sich die Raupen dieser drei Arten von giftigen Passionsblumenblättern.

Heliconius melpomene, Schmetterling

Dryas julia, Schmetterling

Zebrafalterraupe

GEFÄHRLICHER HAUFEN
Man nimmt an, daß die Raupen des Olivenölfalters, *Mechanitis polymnia* (Südamerika), Giftstoffe mit ihren Futterpflanzen, hochgiftigen Nachtschattengewächsen, aufnehmen. Diese Gifte sind für die Raupen und Schmetterlinge ungefährlich, für Vögel und andere Feinde jedoch völlig ungenießbar.

Erwachsener Olivenölfalter

Zebrafalter *Heliconius charitonius* (Nord-, Mittelund Südamerika)

Anders als viele andere Raupen fressen die des Olivenölfalters in Gruppen.

SCHWALBENSCHWANZWAFFE
Die Raupen vieler Ritterfalter besitzen hinter ihrem Kopf ein Y-förmiges Organ. Bei Störung treten hier zwei fingerförmige Drüsen aus, als würde man die Finger eines Handschuhs ausstülpen, die einen üblen Geruch verbreiten.

Mormonenfalter, *Papilio polytes,* (Südostasien)

Das Y-förmige Organ, das Osmaterium, liegt hinter dem Kopf der Raupe und ist auf diesem Foto nicht zu sehen.

Viele Ritterfalterraupen richten sich bei Störung drohend auf.

Olivenölfalterraupen, *Mechanitis polymnia,* (Südamerika)

Fortsetzung auf der nächsten Seite

17

EIGENE RAUPENZUCHT

Mit einer eigenen Schmetterlingszucht ließen sich Kinder schon immer für diese Tiere interessieren. An in freier Natur gesammelten Raupen oder vom Schmetterling gewonnenen Eiern kann man Wachstum und Entwicklung der Raupen aus nächster Nähe beobachten (siehe S. 62 – 63).

Klickfalter
(*Hamadryas*)

KLEINE KLICKER

Die Arten der Gattung *Hamadryas* verursachen als einzige Schmetterlinge Fluggeräusche. Das charakteristische Klicken wird durch eine spezielle Vorrichtung am Flügel erzeugt.

Asiatischer
Trauerfalter,
Neptis hylas

Klickfalterraupen besitzen schwarze Kopfhörner und lange Stacheln.

UNTERSCHIEDLICH GEFÄRBTE RAUPEN

Während ihrer Entwicklung durchlaufen diese Trauerfalterraupen eine ganze Reihe von Häutungen, wobei sie die äußere Form eines „toten Blatts" jedoch beibehalten. Durch die Häutung wird die Raupe nicht nur größer, sondern verändert oft auch Farbe und Aussehen.

BLÄTTER AUF EINEM BLATT

Auf einem einzelnen Blatt wie hier fallen die Raupen des Trauerfalters *Neptis hylas* zwar auf, doch in ihrer natürlichen Umgebung ist die Tarnung als „vertrocknetes Blatt" ausgesprochen wirkungsvoll.

Raupen verschiedener
asiatischer Ritterfalterarten,
u. a. des Mormonenfalters,
Papilio polytes

Blauer Ritterfalter,
Papilio polymnestor

Großer Ritterfalter,
Paplio memnon

Scharlachroter
Schwalbenschwanz,
Papilio rumanzovia

Asiatischer
Trauerfalter,
Neptis hylas

RITTERFALTERRAUPEN

Die Raupen auf dieser Pflanze sind ausnahmslos tropische Vertreter der Gattung *Papilio* (Ritterfalter). Da es sich hauptsächlich um junge Raupen handelt, ist die Unterscheidung einzelner Arten schwierig. Die Raupen sehen wie der harnüberzogene Kot von Vögeln aus – eine hervorragende Tarnung.

Adultes
Weibchen des
Mormonenfalters

NUR EINE NACHTFALTERRAUPE

Unter den tropischen Raupen auf dieser Seite ist die Raupe des Großen Weinschwärmers die einzige Nachtfalterraupe. Ihr Schutz ist das furchterregende Aussehen, das sie durch das schwarze Horn am Hinterende und durch die großen, gelb umrandeten „Augen" auf dem Rücken erhält.

Das charakteristische Horn der Schwärmerraupen ist ein eigentlich harmloser Stachel.

Großer Weinschärmer, *Hippotion celerio,* (Europa, Afrika, Asien, Australien)

Großer Weinschwärmer

Leopardenfalter, *Phalanta phalantha,* (Afrika, Asien)

Klickfalter, *Hamadryas amphinome* (Mittel- und Südamerika)

LEOPARDEN OHNE FLECKEN

Obwohl sie nicht sehr gefährlich aussehen, nennt man diese Schmetterlinge Leoparden. Wie die Raupen der Gattung *Heliconius* auf S. 16 und 17 gehören die Leoparden zu den Nymphaliden oder Edelfaltern, was man am stacheligen Erscheinungsbild der Raupen erkennen kann.

Klickfalter, *Hamadryas feronia* (Mittel- und Südamerika, gelegentlich Texas)

EIDECHSENMAHLZEIT

Obwohl sie scheinbar gleich einer Eidechse zum Opfer fällt, hat diese Raupe noch Überlebenschancen, wenn sie ungenießbar oder stachelig ist oder sich auf den Boden fallen läßt.

Klickfalterraupe, *Hamadryas guatemalena,* (Mittelamerika, vereinzelt Texas)

19

Die Verpuppung

Die Raupe wird oft lediglich als Freßstadium des Schmetterlings angesehen, aber sie ist schon für sich genommen ein kompliziertes Lebewesen. Sie muß in einer feindlichen Welt überleben können und den wichtigen Schritt zum nächsten Entwicklungsstadium, der weitgehend bewegungsunfähigen Puppe, vorbereiten (Puppe S. 22 – 23). Bei den Nachtfaltern befindet sich die Puppe in der Regel in einem Kokon (S. 38 – 39). Wissenschaftliche Untersuchungen haben ergeben, daß die Verpuppung von Hormonen gesteuert wird. Die ausgewachsene Raupe sucht einen geeigneten Platz zur Verpuppung auf. Dieser ist von Art zu Art unterschiedlich. Manche Puppen hingegen benötigen kein Versteck, sie sind durch ihren schlechten Geschmack geschützt.

Manche Raupen und Puppen hängen ohne Unterstützung durch einen Gürtel gerade nach unten (Stürzpuppen). Die Raupenhaut platzt am Rücken.

Manche Arten wickeln Blätter mit Seidenfäden zu einer Schutzhülle zusammen.

1 PLATZSUCHE
Die Raupe des südamerikanischen Zitronenritters, *Papilio thoas*, sucht sich einen Platz zur Verpuppung und klammert sich mit dem hinteren Beinpaar an einem Zweig fest.

BLATTROLLER
Bei manchen Schmetterlingsarten ist die Puppe in einem aufgerollten Blatt versteckt. Bei Störung läßt sich die Raupe an einem Seidenfaden herab und klettert daran wieder aufs Blatt, wenn die Gefahr vorüber ist.

5 AUFPLATZEN
Die Raupe windet sich heftig, bis ihre Haut am Rücken aufplatzt. Unter der Raupenhaut erscheint die neue Puppenhaut.

Die Raupenhaut beginnt zu reißen.

Neue Puppenhaut

Leere Raupenhaut mit Beinen

6 NEUE HAUT GEGEN ALTE
Nach und nach streift die Raupe ihre alte Haut ab. Die Puppenhaut beginnt an der Luft zu trocknen.

Hinterfüße

Seidenfaden für einen Gürtel

Spinndrüsen produzieren Seide.

Das Hinterende ist mit einem Seidenpolster befestigt.

2 SPINNSTUNDE

Kopfüber beginnt die Raupe nun, mit Hilfe der Spinndrüsen an ihrer Unterlippe zu spinnen. Die Seidenfäden werden zu einem kleinen Haftpolster geformt, das an der Pflanze befestigt wird.

3 GÜRTELSPINNEN

Die Raupe dreht sich wieder um und spinnt einen Gürtel um ihren Körper, indem sie den Kopf mit den Spinndrüsen von einer Seite zur anderen bewegt.

4 AUFHÄNGEN

Die Raupe ist nun mit den Hinterbeinen und mit dem Gürtel fest am Zweig verankert. Unter der Raupenhaut entsteht schon die Puppe.

7 FESTER HALT

Die Puppe befestigt ihren Cremaster in dem Seiden-polster, das sie als Raupe gesponnen hat.

8 DIE FERTIGE PUPPE

Die fertige Puppe gleicht einem Blatt. Sie bleibt durch das Seiden-polster und den Gürtel am Zweig verankert.

Das Puppenstadium

Die Puppe stellt das dritte Hauptentwicklungsstadium im Leben eines Schmetterlings dar. In dieser Phase erfolgt die Verwandlung von der Raupe zum Schmetterling. Je nach Art und klimatischen Bedingungen dauert die Puppenruhe Wochen oder gar Monate. Abgesehen von einem gelegentlichen Zucken erscheint die Puppe völlig leblos, doch im Inneren der Puppenhülle laufen erstaunliche Umwandlungen ab, von denen einige schließlich durch die Puppenhaut hindurch zu erkennen sind. Die Puppe kann weder weglaufen noch wegfliegen und ist also noch stärker gefährdet als Raupe oder Schmetterling. Daher ist für die meisten Puppen Tarnung der beste Schutz. Ausnahmen bilden die auffallender gefärbten giftigen Puppen. Viele Nachtfalter und auch einige Tagfalter verpuppen sich unter der Erde, was einen zusätzlichen Schutz darstellt. Bei der Betrachtung der beiden folgenden Seiten erhält man einen kleinen Eindruck von der Vielfalt der Formen und Farben der Schmetterlingspuppen.

Flügeladern

FARBANPASSUNG *(unten)*
Wie bei diesen beiden Puppen von *Calinaga buddha* (Asien) zu sehen ist, ermöglichen farbliche Variationen die Anpassung an verschiedene Umgebungen. An einem Zweig ist die braune Form sicherlich von Vorteil.

SCHLUPFBEREIT *(links)*
Bei dieser Puppe von *Euthalia dirtea* (Südostasien) kann man schon die Flügeladern erkennen: der Schmetterling schlüpft bald.

SOMATOLYSE *(unten)*
Eine der wichtigsten Tarnungsregeln ist das Auflösen der Umrisse. Die Puppen von *Cethosia hypsaea* (Asien) erreichen dies durch ihre unregelmäßige Form.

Tarnung als totes Blatt

Dorniges Aussehen zur Tarnung

MODERIG *(links)*
Das dornige Aussehen und die Tarnung als moderiges Blatt schützen die Puppe von *Vindula erota* (Asien) vor der Entdeckung.

Der reflektierende Goldfleck wehrt Feinde ab.

Die Flügeladern sind schon erkennbar.

GIFTIG *(oben)*
Die Puppe von *Danaus gilippus* (Amerika) ist giftig. Das Gift hat die Raupe mit ihrer Futterpflanze aufgenommen.

Die Puppe des Schwalbenschwanzes, *Papilio machaon* (Europa, Nordamerika, Asien), ist grün oder braun.

STACHELIG *(links)*
Die Puppe von *Heliconius erato* (Südamerika) besitzt eine unregelmäßige Gestalt und scharfe Stacheln entlang der Flügelscheiden.

Flügelanlage

Spitze Stacheln

Kopfanlage

GRÜNES BLATT *(rechts)*
Die grüne, blattartige Puppe von *Phoebis sennae* (Nord- und Mittelamerika) fällt in der Vegetation nicht auf.

Die Flügeladerung wird sichtbar.

FAMILIENÄHNLICHKEIT
Die Puppe der mit *Heliconius erato* nah verwandten Art *Heliconius melpomene* (Südamerika) besitzt eine ähnliche Tarnform.

HOLZSTÜCKCHEN
Die dunkelbraune Puppe von *Dryas julia* (Mittel-, und Südamerika) sieht wie ein kleines Ästchen aus.

Deutliche Ausbuchtung in der Mitte

Ein Großer Schwefelweißling (*Phoebis sennae*, s. o.) schlüpft aus der Puppenhülle

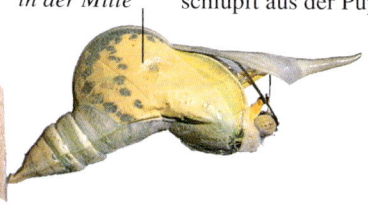

Durch spitze Stacheln geschützt

DORNIG
Die dornige Puppe von *Hypolimnas bolina* (Südostasien, Madagaskar, Australien) hängt gewöhnlich an einer der vielen Futterpflanzen der Raupe.

RIESENBLATT
Die als „totes Blatt" getarnte riesige Puppe des Eulenschmetterlings, *Caligo beltrao* (Mittel- und Südamerika), ist im Dschungel gut versteckt (siehe S. 8 – 9, 12 – 13, 16 – 17, 34 – 35).

Die Flügeladern sind durch die Puppenhaut erkennbar.

TOTES BLATT
Die Raupe des in Asien vorkommenden Trauerfalters *Neptis hylas* verpuppt sich oft auf der Futterpflanze.

Seidenes Haftpolster

Abdomen

Das „Loch im Blatt" gehört zur Tarnung.

Flügelanlage

Hinterleibssegmente

Kopf

Auffällig gestreiftes Abdomen

Abdomen

Thorax

Flügel

Flügel

Harte Fortsätze

Kopf

Kopf

GREISENHAUPT
Die Ausbuchtungen und silbrigen Flecken geben der Puppe von *Parathyma perius* (Asien) das Aussehen eines Greisenkopfes.

AUFFÄLLIG
Aufgrund ihrer Giftigkeit benötigt die Puppe von *Acraea violea* (Asien) keine Tarnfärbung wie andere Puppen.

GEFLECKT
Die Puppe von *Phalanta phalantha* (Südostasien) ist nur schwer auf dem Blatt auszumachen. Ihre Farbe variiert von rötlich-weiß bis grün.

FLECHTENSTAMM *(unten)*
Die Puppe dieses Ritterfalters, *Papilio androgeus* (Südamerika) ist ebenso gut getarnt wie die Raupe. Letztere sieht aus wie die Ausscheidung eines Vogels, erstere erinnert an einen flechtenbewachsenen Baumstamm.

Ritterfalterpuppen hängen mit dem Kopf nach oben an einem dünnen Seidengürtel.

Bruchmuster

Kopf

Kopf

Kopf

Flügel

Flügel

Abdomen

GÜRTEL-PUPPE
Die von Orangenzüchtern gefürchtete Art *Papilio cresphontes* (Nord- und Mittelamerika) besitzt eine typische Gürtelpuppe.

UNTERM BLATT
Der Segelfalter *Graphium sarpedon* (Asien) verpuppt sich auf der Blattunterseite seiner Nahrungspflanze. Die Farbe der Puppe variiert von grün bis braun.

Abdomen

ANPASSUNGS-FÄHIGKEIT
Die beiden hier abgebildeten Puppen von *Papilio memnon* (Südostasien) zeigen die Anpassungsfähigkeit an unterschiedliche Umgebungen.

23

Ein Schmetterling schlüpft

Auf dem Weg vom Ei zum Schmetterling erneuert sich das Tier mehrfach. Wenn die Entwicklung (Metamorphose) abgeschlossen ist, muß nur noch die Puppenhülle platzen und der Schmetterling schlüpfen. In der starren Puppenhülle haben ungeheure Veränderungen stattgefunden, so daß ein völlig neues Tier entstanden ist. Hier sehen wir den Schlupfvorgang beim Blauen Morphofalter, *Morpho peleides,* aus Mittel- und Südamerika.

„Die Flucht nach Ägypten", aus einem Manuskript der *Hastings-Stundenbücher,* um 1480

Die Puppenhülle reißt auf.

12.00

12.03

12.05

Flügel

Fühler

Fühler, Beine und blauer Flügel des Falters scheinen durch die Puppenhülle.

Die Puppenhülle reißt hinter dem Kopf des Schmetterlings auf.

Das typische schillernde Blau der Flügeloberseite des Morphofalters ist eben erkennbar.

Taster

Kopf

Fühler

Der Kopf des Falters mit Fühlern und Tastern wird sichtbar.

Angeschwollene Abdomen

Die Flügel sind noch zusammengefaltet, der größte erkennbare Teil des Schmetterlings ist das dicke Abdomen.

Die grüne, beerenartige Puppe des Morphofalters. (Diese Puppe ist etwa lebensgroß, die Puppen in der Hauptbildsequenz sind überlebensgroß.)

1 FERTIG ZUM SCHLÜPFEN

Noch bis wenige Stunden vor dem Schlüpfen entwickelt sich der Schmetterling. Jetzt sind einige Umrisse des Morphofalters durch die Puppenhaut erkennbar. Die dunkle Region ist der Flügel, nach unten hin scheinen Kopf und Fühler durch. Von der Eiablage bis zum fertigen Schmetterling vergehen beim Morphofalter etwa 85 Tage.

2 DER ERSTE SCHRITT

Sobald die Metamorphose abgeschlossen und der Schmetterling schlupfbereit ist, pumpt er Körperflüssigkeit in Kopf und Thorax. Dadurch wird die Puppenhülle an bestimmten Sollbruchstellen aufgesprengt, und der Schmetterling kann sich mit Hilfe seiner Beine nach außen schieben.

3 KOPF UND THORAX ERSCHEINEN

Nach dem Platzen der Puppenhaut geht die Entfaltung schneller voran. Das Aufblähen des Schmetterlings geht nicht nur auf die Körperflüssigkeiten in Kopf und Thorax, sondern auch auf aufgenommene Luft zurück. Jetzt sind Fühler, Kopf und Taster zu sehen. Die Flügel sind nicht so gut erkennbar, weil sie noch weich und zusammengefaltet sind.

4 GANZ FREI

Der Schmetterling hat sich aus der Puppenhülle geschoben und hängt nun völlig frei. In diesem Stadium ist das Außenskelett aus Chitin weich und kann sich noch dehnen. Wird der Schmetterling zu diesem Zeitpunkt beschädigt oder in seiner Bewegungsfreiheit eingeschränkt, kann er sich nicht vollständig entfalten: die Chitinhülle wird hart, der Schmetterling bleibt verkrüppelt.

5 LANGSAM ENTFALTEN SICH DIE FLÜGEL

Außerhalb der Puppenhülle scheidet der Schmetterling nun den „Puppenharn" (Abfallstoffe aus der Puppenzeit) aus und dehnt die Flügel. Der Schmetterling preßt Blut aus seinem Körper in die Flügel, die dadurch gedehnt und entfaltet werden. Dabei hängt er mit dem Kopf nach oben, die Schwerkraft unterstützt das Ausbreiten der Flügel.

6 DIE VOLLE GRÖSSE ERREICHEN

Jetzt sind die Flügeladern fast völlig blutgefüllt; man kann zusehen, wie sich der Flügel entfaltet. Dieser Vorgang muß relativ schnell vonstatten gehen, da sonst die Flügel vor dem Erreichen der vollen Größe trocknen und hart werden, was für den Schmetterling Flugunfähigkeit bedeuten kann.

SCHMETTERLING, FLIEG!

Bei diesem Morphofalter sieht man die leuchtende blau schillernde Flügeloberseite, die stark mit den braun gefleckten Unterseiten (Bild unten und S. 37) kontrastiert.

14.20

7 WARTEN AUF DEN ABFLUG

Nach etwa 10 – 20 Minuten sind die Flügel vollständig entfaltet. Der Schmetterling wartet nun, bis sie gut ausgehärtet sind, bevor er den ersten Flugversuch unternimmt. Nach etwa einer Stunde und einigen einleitenden Flügelschlägen hebt er ab. In der Regel fliegt er direkt zu einer Nahrungsquelle, um seine erste Mahlzeit zu sich zu nehmen.

12.07

Schmetterlinge können sich mit den Krallen an ihren Füßen fast überall festhalten.

12.12

12.20

Beine

Kopf

Aufgerollter Saugrüssel

Palpen

Kopf

Häufig sind die „Puppenharntröpfchen" rot statt gelb, daher behauptete man im Mittelalter wohl auch, daß Schmetterlinge „Blutregen" verursachten.

Der taschenartig aufgebaute Flügel würde wie ein Ballon aufgeblasen, wenn Ober- und Unterhaut nicht durch feine Ligamente verbunden wären.

In die Flügeladern wird Blut gepumpt.

Sobald ein Schmetterling sich aus der Puppenhülle befreit hat, scheidet er Abfallstoffe aus, die sich während des Puppenstadiums angesammelt haben.

Die Flügelzeichnung des Schmetterlings ist nun deutlich erkennbar, ebenso Kopf, Palpen und Saugrüssel.

Der Schmetterling wartet mit ausgebreiteten Flügeln, bis diese trocken und hart sind. Ist er am Abend geschlüpft, fliegt er erst am nächsten Morgen davon.

Tagfalter

Schmetterlinge unterscheiden sich von allen anderen Insekten dadurch, daß ihr ganzer Körper von den Flügeln bis zu den Füßen mit tausenden winziger Schuppen bedeckt ist. Am auffallendsten sind die Schuppen der Flügelober- und -unterseiten. Sie verleihen dem Schmetterling seine Färbung und Zeichnung. Am Kopf sitzen zwei gelenkig zusammengesetzte Sinnesorgane, die Fühler, mit denen der Schmetterling „riecht", und als spezialisiertes Mundwerkzeug ein langer, aufgerollter Saugrüssel, der zur Nahrungsaufnahme ausgestreckt wird. Die beiden großen Komplexaugen bestehen aus vielen Einzelaugen, Facetten. Die Facetten können nicht nur Bewegungen, sondern auch Farbmuster von Blumen und anderen Schmetterlingen wahrnehmen. Der dreisegmentige Thorax mit seiner Flug- und Beinmuskulatur ist das Antriebswerk des Schmetterlings. Die Geschlechtsorgane liegen am hinteren Ende des Abdomens, das sonst noch den größten Teil des Verdauungssystems beinhaltet.

Ein Postillon, *Colias croceus*, (Europa) im Flug

Freßgewohnheiten

Fast alle Schmetterlinge besitzen einen Saugrüssel zum Aufsaugen von energiereichem Nektar, Wasser und anderen Flüssigkeiten. Einige Nachtfalter nehmen keine Nahrung mehr auf, sie leben von den Reserven, die die Raupe angelegt hat (vgl. S. 36 – 37). Manche Schmetterlinge ernähren sich vom Saft verfaulenden Obstes oder Pflanzensaft, der aus Bäumen sickert; sie lecken Honigtau oder die Flüssikeiten verwesender Tiere auf.

Kopf in Vorderansicht

Lippentaster (zum Erkennen geeigneter Nahrung)

Saugrüssel

Die Braun-fleckfalter gehören zu den Nymphaliden (Edelfaltern), einer der größten und farbenprächtigsten Schmetterlingsfamilien.

Nahaufnahme des Kopfs eines Braunflecks, *Clossiana euphrosyne*, (Europa)

Komplex-auge

Lippen-taster

Fühler

Aufgerollter Saugrüssel

SAUGROHR
Ein vergrößerter Querschnitt durch den Saugrüssel. Er funktioniert wie ein aufrollbarer Strohhalm.

DURSTIGE GESELLSCHAFT
Besonders in heißen Zonen sieht man oft Gruppen von Schmetterlingsmännchen an feuchter Erde trinken – vielleicht um Mineralien aufzunehmen. Die Schmetterlinge in diesem „Schlammloch" gehören hauptsächlich der in Malaysia verbreiteten Art *Graphium sarpedon* an.

HOMERUS-SCHWALBENSCHWANZ, *PAPILIO HOMERUS*, (JAMAIKA)

Vorderflügel

Hinterflügel

Kopf

Thorax

Abdomen

RUHESTELLUNG
Diese alte Zeichnung zeigt einen Segelfalter, *Iphiclides podalirius* (Europa, Asien), in der typischen Ruhestellung der Ritterfalter mit über dem Körper gefalteten Flügeln.

SCHUPPEN VERGRÖSSERT
Eine Makroaufnahme des Augenflecks eines südamerikanischen Falters zeigt die dachziegelartige Anordnung der Schuppen, die das Muster erzeugen. Die Flügeladern treten deutlich hervor.

Schuppenreihen ergeben die herrlichen Farben und Muster der Schmetterlinge.

WELCHE FAMILIE?
Die Flügeladern der Schmetterlinge tragen zur Stabilität der Flügel bei. Ihre Anordnung ist ein wichtiges Bestimmungsmerkmal.

LANDEANFLUG
Mit leicht nach oben gebogenen Flügeln setzt ein Tagpfauenauge, *Inachis io* (Europa), zur Landung auf einem Schmetterlingsflieder (*Buddleia*) an. Schmetterlinge steuern ihre Flugbewegungen so gut, daß sie ganz plötzlich landen können.

Tagfalter der gemäßigten Zonen

„Gemäßigte Klimazone" nennen wir die Regionen der Erde mit warmen Sommern und kalten Wintern. Unter diesen Klimabedingungen sind die Schmetterlinge im Winter inaktiv und müssen ohne Nahrung auskommen. Meist erfolgt die Überwinterung im Puppenstadium, doch einige europäische und nordamerikanische Schmetterlinge überwintern als Falter (siehe S. 51). Die Artenvielfalt der Blumen auf Wiesen und Waldlichtungen der gemäßigten Breiten ermöglicht eine große Artenvielfalt von Schmetterlingen, die jedoch in den Tropen noch übertroffen wird (S. 32 – 35). Die Zerstörung und Veränderung solcher Lebensräume in den letzten Jahren hat dazu geführt, daß Schmetterlinge seltener geworden sind. Doch was ist ein Sommer ohne Schmetterlinge?!

Das Tagpfauenauge, *Inachis io,* ist einer der häufigsten und bekanntesten Schmetterlinge Europas und Asiens.

Alter Stich mit Kleinem Feuerfalter (rechts) und (wahrscheinlich) weiblichem Hauhechelbläuling (Europa).

EINE AUSSTERBENDE ART
Durch Trockenlegen von Sümpfen ist der Große Goldfalter, *Lycaena dispar,* in Mitteleuropa und den gemäßigten Zonen Asiens allmählich verschwunden (S. 58).

Wiesenfalter

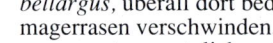

SCHÖNER BLÄULING
In Europa ist der Himmelsvogel, *Lysandra bellargus,* überall dort bedroht, wo Kalkmagerrasen verschwinden. In Frankreich steht er nun unter gesetzlichem Schutz.

GEGENSEITIGER NUTZEN
Die Raupen des Großen Fleckenbläulings, *Maculinea arion* (Europa), leben in Ameisennestern und fressen Ameisenlarven. Die Ameisen greifen die Raupen nicht an, sondern „melken" Zuckerlösung ab (S. 58).

LEBENSRAUM WIESE
Schmetterlingsarten, deren Raupen Gras fressen, findet man in Weide- und Heidelandschaften, an Waldrändern und Flußufern.

VEILCHEN ALS KINDERNAHRUNG
Der Aphroditefalter, *Speyeria aphrodite,* lebt in Graslandschaften und lichten Wäldern im Westen Nordamerikas. Die Raupen ernähren sich von Veilchen.

SCHWARZ-WEISS STATT AUGEN
Der zur Familie der Augenfalter gehörende Schachbrettfalter, *Melanargia galathea* (Europa, Asien), besitzt ein kennzeichnendes Schwarz-Weiß-Muster.

ERFOLGREICHES BRAUN
Braune Schmetterlinge wie das Große Ochsenauge, *Maniola jurtina* (Europa, Asien, Afrika), sind in Graslandschaften gut getarnt.

Der Mauerfuchs sitzt gern mit ausgebreiteten Flügeln an Mauern in der Sonne.

SONNENANBETER
Die Raupen des Mauerfuchses, *Lasiommata megera* (Europa, Asien u. Nordafrika), ernähren sich ebenfalls von Gras.

Dunkle Farben auf Ober- und Unterseite sind eine gute Tarnung.

IN EUROPA WEIT VERBREITET
Der Blaulila-Feuerfalter, *Heodes alciphron,* ist ein Europäer mit einer großen Verwandtschft in Asien und Nordamerika.

EIN HÄUFIGER EDELFALTER
Phyciodes campestris ist im Hochland des westlichen Nordamerika weit verbreitet.

Waldfalter

GRÜN ALS TARNUNG
Mit seiner braunen Oberseite und den herrlich grünen Unterflügeln ist der Brombeerzipfelfalter, *Callophrys rubi* (Europa, Asien, Nordafrika), im Wald ausgezeichnet getarnt.

WEISSES „C"
Den C-Falter, *Polygonia c-album*, findet man in den verschiedensten Waldgebieten Europas. Sein Name leitet sich vom charakteristischen weißen Flügelfleck ab.

Durch Farbe und Gestalt ist der C-Falter gut getarnt.

C-Falter von oben

Der Name „C-Falter" rührt vom Fleck auf der Hinterflügelunterseite her.

C-Falter von unten

Eichenblätter

LEBENSRAUM WALD
Wegen der Vielzahl verschiedener Nahrungsquellen findet man in einem naturnahen Wald mehr Schmetterlinge als in irgendeinem anderen Lebensraum. Einige Schmetterlingsarten leben in Bodennähe auf schattigen Waldlichtungen, andere hoch oben in den Baumwipfeln. Wieder andere Arten leben am Waldrand oder auf Kahlschlägen.

Zipfelfalter sind oberseits in der Regel braun, unterseits unterschiedlich gefärbt.

IN SCHLUCHTEN HÄUFIG
Der Zipfelfalter *Satyrium acadica* (Nordamerika) kommt auf Feuchtwiesen, an Bächen und in Cañyons vor.

EICHEN-WALDBEWOHNER
Der Eichenzipfelfalter, *Thecla quercus,* ist einer von vielen eurasischen Zipfelfaltern.

Nur Männchen besitzen reflektierende Schuppen, die rot schillern, wenn Licht im richtigen Winkel einfällt.

Südeuropäische Rasse des Waldbrettspiels; die nordeuropäische besitzt weiß gekernte Augenflecken.

AASFRESSER
Der Große Schillerfalter, *Apatura iris* (Europa, Asien), fliegt hoch in den Bäumen, doch findet man die Männchen oft am Boden, wo sie an Aas saugen.

FLECKMUSTER
Die scheckige Zeichnung des Schwarzbraunen Trauerfalters, *Neptis sappho* (Europa, Asien), ist im wechselnden Licht des Waldes unauffällig.

IM WALD GETARNT
Durch sein Farbmuster läßt sich das Waldbrettspiel, *Pararge aegeria* (Europa, Asien, Nordafrika), im Wechsellicht des Waldes nur schwer ausmachen.

Die Raupen des Kiefernweißlings können Kiefern völlig kahlfressen.

AN BÄUMEN
Der Große Waldportier, *Hipparchia fagi* (Europa, Asien), verschmilzt auf Baumstämmen mit dem Untergrund.

KIEFERNSCHÄDLING
Der Kiefernweißling, *Neophasia menapia* (Nordamerika), lebt auf den Kiefern, an denen seine Raupen fressen.

FLIEGENDE FÜCHSE
Der Große Fuchs, *Nymphalis polychloros* (Europa, Asien), ist in höhergelegenen Wäldern häufig.

Bergschmetterlinge

Von all den Lebensräumen, in denen Schmetterlinge vorkommen, haben die Berge und die arktische Tundra die feindlichsten Umweltbedingungen: kurze Sommer, kalte Nächte und rauhe Winde. Als Anpassung an das rauhe Klima sind Schmetterlinge in den Bergen dunkler als verwandte Arten im Flachland, denn dunkle Farben absorbieren das Sonnenlicht besser, die Schmetterlinge werden bei niedrigen Morgentemperaturen schneller warm. Andere arktische und Bergfalter halten die Wärme mit langhaarigen Schuppen am Körper fest. Im felsigen Hochgebirge müssen viele Schmetterlinge ihre Eier in Felsnischen statt auf Pflanzen ablegen, und aufgrund der kurzen Sommer erfolgt die Eiablage nur einmal im Jahr. Schmetterlinge, die ständig starkem Wind ausgesetzt sind, flattern in geringer Höhe nur kurze Strecken, damit sie nicht weggeweht werden; in Ruhe drücken sie sich flach an die Felsen. Zwar leben nur wenige Arten in großer Höhe, doch es gibt bemerkenswerte Ausnahmen: Überlebenskünstler, die an der Schneegrenze, z. B. im Himalaya, vorkommen.

Kurze Fühler und ein pelzig behaarter Körper kennzeichnen die Apollofalter.

Alpenapollo, *Parnassius phoebus*, (Europa, Asien, Nordamerika)

HOCH HINAUS
Die vielen Lokalvariationen des Apollofalters, *Parnassius apollo* (Hochgebirge Europas und Asiens), sind begehrte Sammlungsstücke, daher steht er in den meisten Ländern Europas heute unter Naturschutz.

Weibchen des Großen Frostspanners, Erannis defoliara: *kein Bergschmetterling, trotzdem flügellos.*

Männchen | Weibchen

FLIEGEN NUR MÄNNERSACHE
Die Weibchen mancher Nachtfalter sind flugunfähig; im Gebirge, wo Fluginsekten leicht verdriftet werden, kann das von Vorteil sein.

Berghexe, von oben

Berghexe, von unten

ÜBERLEBEN AUF STEINEN
Eine der besten Überlebensstrategien für Schmetterlinge in kahlen Felsregionen ist die Tarnung in allen Situationen. Die Berghexe, *Chazara briseis*, kommt an trockenen, steinigen Hängen in Mittel- und Südeuropa und im Nahen Osten vor.

LEBENSRAUM HOCHGEBIRGE
Blumenreiche Bergwiesen sind für Schmetterlinge attraktiv. Diese Landschaft könnte in den amerikanischen Rockies, in den europäischen Alpen oder im Himalaya liegen.

Eine asiatische Pontia – Art *wurde in Nordindien in 4250 m Höhe gefunden.*

AN DER SCHNEEGRANZE
Der Alpenweißling, *Pontia callidice* (Europa, Asien), kommt in alpinen Regionen nahe der Schneegrenze vor. Sein ökologischer Vertreter in Amerika heißt *Pontia occidentalis*.

FREUND ODER FEIND?
Der Idasbläuling, *Lycaeides idas*, ist im eurasischen Bergland anzutreffen. Die Raupen überwintern in Ameisennestern. Je höher er lebt, desto kleiner ist dieser zierliche Schmetterling.

HOCH ODER TIEF
Der Saphirbläuling, *Plebejus pyla* kommt in den verschiedensten Graslandschaften Asiens vor, lokal auch in Europa, die Unterart *trappi* z. B. im Wallis.

VOM MOOR BIS INS GEBIRGE
In den kurzen Sommern der eurasischen und nordamerikanischen Gebirge und Hochmoore gibt der Hochmoorgelbling, *Colias palaeno*, ein Gastspiel.

VERWANDTE IN DEN ROCKIES
Der Gelbbindige Mohrenfalter, *Erebia meolans*, ist an steinigen Hängen in Südeuropa recht häufig. In den Gebirgen Nordamerikas lebt eine Reihe nah verwandter Arten.

BERGDUKAT
Der Dukatenfalter, *Heodes virgaureae*, (die Abbildung zeigt ein Männchen), kommt nur in den Bergregionen Mitteleuropas vor.

BERGBLUMEN
In abgelegenen Bergregionen, in die kaum ein Mensch gelangt, leben viele Schmetterlingsarten. Eine typische montane Futterpflanze der Falter ist die Besenheide (unten).

AUS DEM WESTEN
Der aus dem nordamerikanischen Westen stammende Marmorflügel, *Euchloe creusa*, hat in Europa einige Verwandte. Sein Name ist von der Zeichnug seiner Hinterflügel abgeleitet.

SCHWER ZU FINDEN
Der Cynthia-Scheckenfalter, *Euphydryas cynthia*, kommt nur in den Alpen und in den Bergen Bulgariens vor. Doch in Nordamerika und Europa gibt es viele andere Scheckenfalterarten.

BERGSCHÖNHEIT
Die attraktive Art *Bhutanitis lidderdalei* kommt in den Bergwäldern Thailands und Indiens vor. In Thailand werden viele dieser Ritterfalter getötet und an Sammler ins Ausland verkauft.

Schwanzfortsätze an den Hinterflügeln lenken Vögel von empfindlicheren Körperteilen ab.

Große Augenflecken erschrecken Vögel.

EINER VON VIELEN
Der Bergweißling *Baltia butleri* lebt im Himalaya. In Europa und Amerika gibt es ähnliche Bergweißlingsarten.

Exotische Tagfalter

Keine Region der Erde weist so viele herrliche bunte Schmetterlinge auf wie die Tropen – die feuchtheißen Gebiete am Äquator. Die Farb- und Mustervielfalt ist erstaunlich, doch über die Gründe dieser auffallenden Färbungen können wir nur spekulieren: entweder dient das Farbmuster dazu, einen Geschlechtspartner anzulocken, oder auch als optimale Tarnung. Im tropischen Regenwald mit seinen scharfen Licht-Schatten Kontrasten mag ein leuchtend gefärbter Schmetterling weniger auffallen. In vielen Fällen stellt die Färbung auch eine Warnung für Feinde dar: diese Schmetterlinge sind ungenießbar. Die Farb- und Mustervielfalt der Tagfalter wird noch von der Formenvielfalt der tropischen Nachtfalter übertroffen. Schließlich gibt es ohnehin weit weniger Tag- als Nachtfalterarten auf der Welt.

Die „Hinterflügelschwänze" sind für viele Ritterfalter typisch.

WALDWUNDER (oben)
Da er tief in den undurchdringlichen Regenwäldern Neuguineas lebt, ist es kaum verwunderlich, daß man über den Segelfalter *Graphium weiskei* nur wenig weiß.

Ungewöhnlich geformte Flügel mit 127 mm Spannweite

LEUCHTEND GRÜN
Zu den schönsten Tagfaltern gehören die großen Vogelflügler aus dem Gebiet um Neuguinea. Für Arten wie *Ornithoptera priamus* gelten zwar Ausfuhrbeschränkungen, vor der Zerstörung ihres Lebensraums aber sind sie nicht geschützt.

Die goldenen Fransen an den Hinterflügeln der Männchen der Priamus -Vogelflügler dienen zur Duftübertragung bei der Balz.

LEBENSRAUM TROPISCHER REGENWALD
Obwohl es tropische Regenwälder in Südostasien, Nordaustralien, auf den Inseln des südlichen Pazifiks und in Zentralafrika gibt, findet man die meisten tropischen Tagfalter in Mittel- und Südamerika. Undurchdringlicher Dschungel, kein Winter, Regen im Überfluß und eine große Artenfülle bei Pflanzen: das sind für Schmetterlinge optimale Lebensbedingungen.

NASS ODER TROCKEN (unten)
Im Flug schillert der Perlmutterfalter *Protogoniomorpha parhassus* (Afrika) weithin sichtbar. Doch in Ruhestellung lassen ihn seine Färbung und Form wie ein totes Blatt erscheinen. Bei diesen Faltern gibt es Regen- und Trockenformen: in der Regenzeit sind die Schmetterlinge kleiner als in der Trockenzeit.

AUFFÄLLIGE FLECKEN
Dieser auffallende Ritterfalter, *Parides eurimedes,* ist in manchen Teilen Mittel- und Südamerikas noch immer häufig. Er kommt bis in Höhen von 1500 m über dem Meeresspiegel am Rand der Regenwälder vor.

Schwanzloser Ritterfalter

Zipfeliger Flügel

*Eine Tarnbinde
verläuft quer
über die
Vorderflügel.*

TARNBINDE

Über die auffällige Art *Taenaris schoenbergi* (Neuguinea) ist nur wenig bekannt. Der breite Streifen über beide Vorderflügel dient wahrscheilich dazu, die wahren Umrisse des Schmetterlings in Ruhestellung zu verschleiern.

Die wachsartigen grünen Blätter und leuchtendroten Blüten dieser Hängepflanze der Gattung *Columnia* sind typisch für tropische Pflanzen (rechts).

VERWIRRENDE SCHWÄRZE *(unten)*

Atrophaneura neptunus, ein Ritterfalter mit charakteristischen „Keulenschwänzen", lebt in den Regenwäldern Malaysias.

*Der auffällige
rote Fleck am Hinterflügel
schreckt Feinde ab.*

SCHMETTERLINGS-TRANK

Dieses Bild von Marianne North (19. Jh.) zeigt einen exotischen Schmetterling an einer Muskatfrucht.

BUNTER WEISSLING

Der Weißling *Delias belisama* fliegt in den Gebirgsregionen Indonesiens, wo sein Orange im feuchten Nebel der Regenwälder weithin leuchtet.

HEIMLICHES LEBEN *(rechts)*

Der seltene *Dynastor napoleon* lebt wahrscheinlich dämmerungsaktiv in brasilianischen Regenwäldern. Die Unterseiten seiner riesigen Flügel sind blattartig gemustert, so daß der Schmetterling in Ruhestellung gut getarnt ist.

TIEFFLIEGER

Wenn man den seltenen *Terinos clarissa* überhaupt sieht, dann im Tiefflug über Straßenränder, Bachläufe und Felsen in Malaysia und Indonesien. Die Raupe ist von langen, verzweigten Stacheln bedeckt.

ECHSEN ALS FEINDE

Tropische Schmetterlinge besitzen Schwanzfortsätze, furchterregende Augenflecken und giftige Schuppen, um ihren Feinden, z. B. Eidechsen, zu entgehen.

Fortsetzung auf der nächsten Seite

ARTENGRUPPE *(unten)*
Der Theklide *Amblypodia morphina* gehört zu einer der größten Gruppe ähnlicher Bläulinge aus Südostasien.

Ein Weibchen aus dieser Art wäre blasser als dieses Männchen.

„ER" IST BUNTER
Vor vielen Jahren brachte ein Schmetterlingssammler diesen Edelfalter, *Myscelia orsis,* aus Paraguay mit. Das Weibchen ist im Gegensatz zum leuchtend blauen Männchen blasser, aber stärker gemustert.

Weibchen

GESCHLECHTSDIPHORMISMUS *(rechts)*
Färbung und Zeichnung unterscheiden sich sehr stark bei den beiden Geschlechtern des Samtfalters *Hypolimnas misippus,* der in Afrika, Nord- und Mittelamerika, Indien und Australien vorkommt.

Männchen

Die Abb. zeigt die Unterseite. Oberseits sind die Vorderflügel braun mit weißen Streifen.

PERFEKTE DOPPELGÄNGERIN *(oben)*
Das ungiftige Weibchen von *Hypolimnas misippus* ist eine gelungene Imitation des giftigen Tigerfalters, *Danaus chrypsippus,* (Mimikry siehe S. 56-57).

LEBHAFTES MUSTER *(rechts)*
Wie bei vielen Schmetterlingen sind die Flügelunterseiten (Abbildung) bei *Cethosia hypsaea* lebhafter gemustert als die Oberseiten. Dieses Exemplar wurde auf Borneo gefangen.

Auffällige rote Muster sind typische Warnsignale giftiger Schmetterlinge.

Stich mit tropischem Ritterfalter, *Papilio crino,* (Sri Lanka).

Typisch für viele Ritterfalter: große Vorderflügel

GIFTIGER RIESE
Mit einer Spannweite von bis zu 25 cm ist der Afrikanische Riesenritterfalter, *Papilio antimachus,* der größte Tagfalter Afrikas. Er gilt als sehr giftig und wird von Beutefeinden gemieden.

UNÜBERTREFFLICHE TARNUNG *(unten)*
Kaum ein Schmetterling besitzt eine interessantere Ruhetarnung als der südamerikanische Edelfalter *Coenophlebia archidona.*

Die Unterseite gleicht einem toten Blatt.

BANANENFRESSER *(links)*
Als Falter leckt *Taenaris macrops* (Neuguinea) gern an reifen Bananen. Die Raupen einiger *Taenaris*-Arten ernähren sich von Bananenblättern.

Große Augenflecken verwirren Angreifer.

Die silbrigen Flecken imitieren den Pilzbefall toter Blätter.

arnung durch Auflösung r Umrisse

LEBENSWEISE UNBEKANNT
Obwohl der Edelfalter *Cyrestis nivea* in Malaysia und Indonesien recht häufig ist, weiß man doch wenig über seine Lebensweise. Seine unterbrochene Zeichnung ist eine gute Tarnung.

ATTRAKTIVE ERSCHEINUNG *(unten)*
Den leicht erkennbaren Edelfalter *Marpesia petreus* findet man in Wäldern und Gebüschen der südlichen USA sowie in Mittel- und Südamerika.

TROPISCHER EDELSTEIN
Zu den südamerikanischen Morphofaltern zählen einige der schönsten Schmetterlinge (vgl. S. 24-25). Die Flügel von Faltern wie *Morpho cypris* werden sogar zur Herstellung von Schmuck verwendet.

Lange Schwanzfortsätze an den Hinterflügeln lenken Angreifer vom Insektenkörper und den eigentlichen Flügeln ab.

Morphofalter sind durch ihre braunen Unterflügel getarnt.

Unterseite des Männchens – Oberseite größtenteils weiß mit dunklerem Rand

MORPHOFLÜGEL-ANHÄNGER
Das Fangen von Millionen von Morphofaltern zur Schmuck-herstellung soll keine Bedro-hung für die Art darstellen, da nur Männchen gesammelt werden. Die Weib-chen sind nicht nur weniger hübsch, sondern auch viel scheuer und im tropischen Lebensraum kaum zu fangen.

AUF SCHMETTERLINGS-JAGD
Arthur Twidle illustrierte in den 20er Jahren sein Buch „Schöne Schmetter-linge der Tropen" mit solchen Szenen.

Ein tropisches Aronstabge-wächs

OBERSEITS UNSCHEINBAR
Wie andere Weißlin-ge dieser Gattung besitzt auch *Delias harpalyce* (Südost-australien) – für Schmetterlinge unge-wöhnlich – lebhafter gefärbte Flügelunter-seiten.

Aufspannen eines Schmetterlings (unten)

Ovale Sammel-schachtel; Boden und Deckel sind mit Kork ausgelegt.

EULENGESICHT
Die Augenflecken auf der Flügelunterseite der südamerikanischen Eulenschmetterlinge erinnern an ein Eulenge-sicht. Dadurch sind sie geschützt, denn welcher Vogel traut sich an eine Eule heran? Diese Art, *Caligo prometheus,* lebt in den Regen-wäldern von Ecuador und Kolumbien.

Die Augen-flecken auf den Unterseiten der Hinterflügel sind auf S. 8–9 abgebildet.

Da sie keine Sonne mögen, fliegen Eulen-schmetterlinge im Schatten oder in der Dämmerung.

Nachtfalter

Die Gruppe der Nachtfalter umfaßt etwa 150000 Arten. Bekannter aber ist eine nur etwa 15000 Arten starke Gruppe der Großschmetterlinge, die Tagfalter. Der Name Nachtfalter deutet auf die nächtliche Lebensweise dieser Tiere hin, doch es gibt auch eine ganze Reihe von tagaktiven Arten (S. 48-49). Unter den Nachtfaltern findet man für den Menschen nützliche Tiere, wie den Seidenspinner (S. 40-41), aber auch Schädlinge an Getreide, Obst und Bäumen, Wollgewebe zerstörende Kleidermotten sowie Eulenfalter, die, an den Augen der Tiere sitzend, Tränenflüssigkeit trinken und so Krankheiten beim Vieh verbreiten (siehe S. 56). Die meisten Nachtfalter sind jedoch harmlose Blütenbesucher und spielen als Bestäuber in ihrer Lebensgemeinschaft eine wichtige Rolle.

Diese Zeichnung zeigt den Körperbau eines Nachtfalters; die dunklen Streifen (Fascien) sind Bestandteile der Flügelzeichnung.

DIE LÄNGSTE ZUNGE?
Dieser bemerkenswerte Saugrüssel gehört dem Darwinschwärmer, *Xanthopan morganii* (Madagaskar). Charles Darwin, der bekannte englische Naturforscher, entdeckte eine Orchidee, die am Grunde eines 30 cm langen Sporns Nektar führte. Da sie bestäubt werden mußte, nahm er an, daß es einen Schmetterling mit einem 30-35 cm langen Rüssel geben mußte. Jahre später wurde Darwins Theorie durch die Entdeckung dieses Schwärmers bestätigt.

Ernährung

Wie die Tagfalter ernähren sich auch die meisten Nachtfalter von Nektar. Tagaktive Nachtfalter (S. 48-49) kann man beim Nektartrinken im Schwirrflug über der Pflanze stehend beobachten. Viele Nachtfalter nehmen keine Nahrung mehr auf. So zehrt der indische Mondspinner (rechts und unten) in seinem kurzen Leben von Fettreserven, die er als Raupe angelegt hat.

Im Kopf liegt das Cerebralganglion („Gehirn"). Augen, Fühler und Taster nehmen als Sinnesorgane Informationen aus der Umwelt auf.

NEKTARSUCHE
(rechts)
Mit seinem langen Rüssel sucht dieser Schwärmer in den Blüten nach Nektar. Dabei bleiben die Pollen hängen und werden auf andere Blüten übertragen.

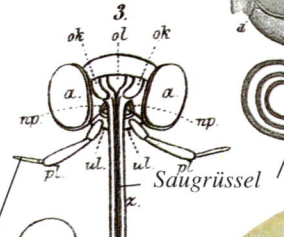

Fühler

Kiefertaster

Lippentaster

Saugrüssel

Lippentaster

Ein dicker Körper und lange Vorderflügel kennzeichnen die Schwärmer. Die Vertreter dieser Nachtfalterfamilie sind gute Flieger.

VON ANGESICHT ZU ANGESICHT
Aus dieser Perspektive kann man die Fühler sowie das vordere und mittlere Beinpaar des Indischen Mondspinners erkennen. Die Sinneszellen der Fühler reagieren wahrscheinlich nicht nur auf Düfte, sondern auch auf Druckunterschiede.

Da dieser Falter keine Nahrung aufnimmt, besitzt er keinen Saugrüssel.

Das Mondspinnerweibchen erkennt mit den Fühlern die richtige Futterpflanze und legt dann darauf seine Eier ab.

Die Schwanzfortsätze haben eine Schutzfunktion.

ANORDNUNG DER FLÜGELADERN
Die Flügeladern versteifen nicht nur den Flügel, sie erlauben auch ein Drehen und Biegen des Flügels in einer Weise, die einen maximalen Wirkungsgrad beim Fliegen garantiert. Nach neueren Untersuchungen kann sich das Tier mit der im Flügel zirkulierenden Körperflüssigkeit aufheizen und abkühlen. Der Flügel dient dabei als Wärmetauscher.

Die einzelnen Adern sind durchnumeriert.

Patagium (Kragen)

Genitalapparat des Männchens

Entschuppte Tegulae (Deckkissen der Flügelbasen)

Gefiederte (21, 22) und doppelt gefiederte (23) Fühler

21.

22.

Gesägte Fühler

25.

23.

FÜHLER ZUM „RIECHEN"
Die Fühler der Nachtfalter sind mit Sinneszellen übersät, die nicht nur Duftstoffe wahrnehmen, sondern auch die Ortung der Duftquelle und des Verursachers (Blume oder Weibchen) ermöglichen.

Behaarter Körper mit kleinem Kopf

Auge

Fühler

Taster

VON NAHEM BETRACHTET
Die Nahaufnahme des Nordamerikanischen Cercropiaspinners, *Hyalophora cercropia,* zeigt die für Saturniden (Augenspinner) charakteristischen, doppelt gefiederten Fühler. Diese besitzen eine weitaus größere Oberfläche als unverzweigte Antennen und somit mehr Platz für Sinneszellen.

Erhabene Augenflecken dienen wahrscheinlich zur Feindabschreckung.

EINER DER SCHÖNSTEN
Die Schönheit vieler Nachtfalter wird mit dieser vergrößerten Aufnahme eines Indischen Mondspinners, *Actias selene,* gut belegt. Bei dieser Aufsicht sind die langen Schwanzfortsätze der Hinterflügel, die doppelt gefiederten Antennen und die Vorderbeine am bemerkenswertesten. Der Kopf ist so gut versteckt, daß ein Vogel wohl eher nach den langen Schwänzen pickt.

Hinterflügel

Deutlich erkennbare Flügeladern

Fascien (Musterstreifen)

Vorderflügel

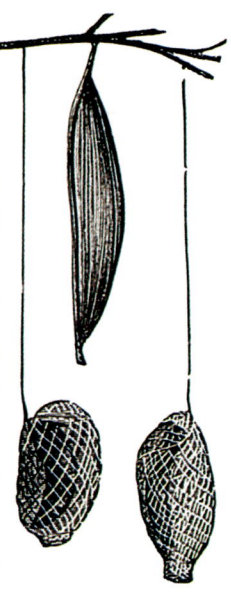

Kokons

Die meisten Nachtfalter spinnen einen Kokon. Diese seidene Hülle – sie gilt als urtümliches Merkmal – umschließt die Raupe während ihrer Verwandlung zum Schmetterling. Manche Arten bauen stachelige Borsten von der letzten Puppenhaut oder Pflanzenteile zum zusätzlichen Schutz und zur Tarnung in den Kokon ein. Die feinsten Kokons fertigen die Seidenspinnerraupen (S. 40-41). Das ganze Gebilde ist aus einem einzigen, bis zu 800 Meter langen Faden gewickelt. Wenn der Falter schlüpft, muß er sich auch aus dem oft harten Kokon befreien. Manche Nachtfalter besitzen daher ein feilenartiges Organ zum Öffnen des Kokons, andere geben eine Flüssigkeit ab, die die Wände aufweicht. Manche Raupen spinnen seidene Netze, die sie beim Fressen schützen; dies sind allerdings keine eigentlichen Kokons.

GETARNT
Diese seidenen Nachtfalterkokons sehen wie ein Teil der Pflanze aus, an der sie hängen.

AM SEIDENEN FADEN
Manche Nachtfalter lassen ihre Kokons an einem langen Seidenfaden von einem Ast herabhängen – ein zusätzlicher Schutz gegen Raubinsekten.

„HÖLZERNER" KOKON
Dieses Jägerhütchen, *Bena fagana* (Europa), ist gerade geschlüpft. Durch eingebaute Rindenstückchen wird der Kokon zusätzlich verfestigt und getarnt.

Ein großes Seidennetz über mehrere Blätter: die Raupen haben genug Platz zum Herumkriechen und Fressen.

Der harte Kokon ist durch Rindenstückchen zusätzlich verstärkt.

RAUPENSCHUTZ
Raupen machen ausgiebig Gebrauch von ihrer Spinnkunst. Viele Arten der Gattung *Yponomeuta* spinnen ein Gemeinschaftsnetz, unter dem die Raupen die Pflanze abfressen. Kleine Raupen, die der Wind von der Pflanze bläst, benutzen ihre Seide als Fangleine.

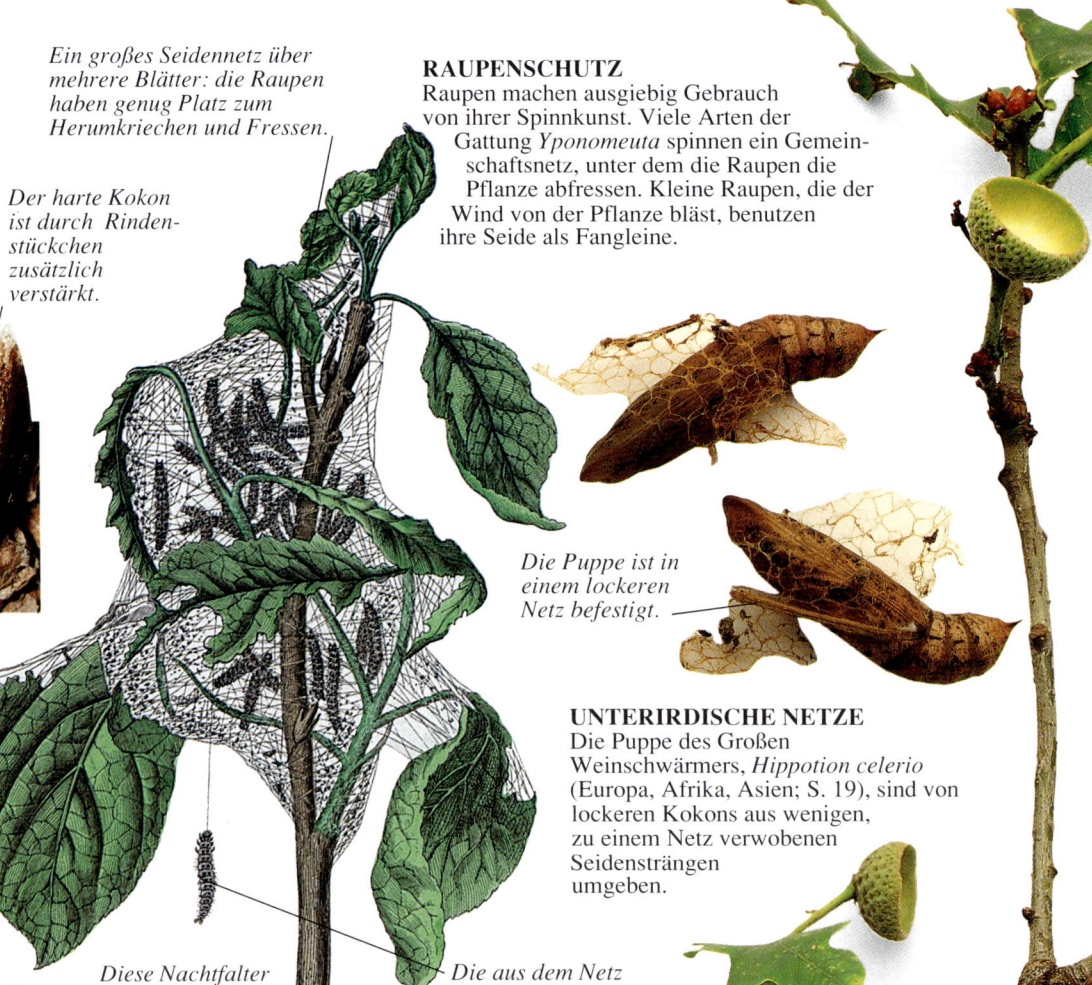

Die in Ruhestellung dachförmig zurückgelegten Flügel ähneln einem Jägerhütchen.

Die Puppe ist in einem lockeren Netz befestigt.

LEBENDIG BEGRABEN
Die Schwärmer gehören zu den Familien, deren Raupen sich am oder im Boden verpuppen. Die Raupe gräbt eine kleine Höhle und kleidet die Wände mit Seide aus. Dadurch ist sie vor Feuchtigkeit und grabenden Feinden geschützt.

UNTERIRDISCHE NETZE
Die Puppe des Großen Weinschwärmers, *Hippotion celerio* (Europa, Afrika, Asien; S. 19), sind von lockeren Kokons aus wenigen, zu einem Netz verwobenen Seidensträngen umgeben.

Diese Nachtfalter verpuppen sich unterirdisch.

Die aus dem Netz gefallene Raupe hängt am Seidenfaden wie an einer Sicherheitsleine.

WILDE SEIDENPRODUZENTEN
Der Eichenseidenspinner, *Antheraea harti* (Asien, S. 62-63), gehört zu einer Gruppe wilder Seidenspinnerarten aus der Familie der Saturniden (Augenspinner), deren Seide als Tussahseide genutzt wird. Die Raupen fressen auf Eichen und bauen ihre Kokons in Eichenblätter.

Die Raupe beginnt, Blätter mit Seide zu verknüpfen.

Von der Raupe angefressenes Eichenblatt

Raupe beim Fressen eines Eichenblatts

EIN KOKON IM BAU
Die Eichenseidenspinnerraupen beginnen mit dem Kokonbau nahe dem Astende. Die verknüpften Blätter werden schließlich mit sehr viel Seide ausgesponnen.

Kopf der Raupe

Netz aus Seidenfäden als Kokongerüst

Schwanz der Raupe

Robuste, harte Seidenschicht

FERTIGER KOKON
Der fertige Kokon des Eichenseidenspinners zeigt, wie die Blätter durch ein dichtes Seidengewebe verknüpft sind. Diese Kokons werden wirtschaftlich genutzt, allerdings nicht in dem Ausmaß wie die des Maulbeerspinners, *Bombyx mori* (Asien; S. 40-41).

Die Raupen fressen nur die Blätter der Stieleiche (Quercus robur), nicht die Eicheln.

Die Geschichte der Seide

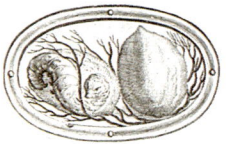

Illustartionen aus *Vermis sericus,* einem populären Buch über Seidenspinner aus dem 17. Jahrhundert.

Die meisten Nachtfalterráupen spinnen Seidenfäden, doch die hochwertigsten Fasern liefern Vertreter der Familien *Saturnidae* (Augenspinner) und *Bombycidae* (Seidenspinner), insbesondere die Seidenraupen, die Raupen des Maulbeerspinners, *Bombyx mori* (Asien). Der chinesischen Geschichtsschreibung zufolge wurde die Seide um 2700 vor Christus entdeckt, doch jahrhundertelang war ihre Herstellungsweise ein Staatsgeheimnis – die Ausfuhr von Seidenraupen oder ihrer Eier war bei Todesstrafe verboten. Schließlich gelang es doch, Seidenspinnereier und Samen des Maulbeerbaums, der Futterpflanze der Raupen, aus China zu schmuggeln, vermutlich in einem Spazierstock. Doch Seide blieb teuer – auch nachdem die Araber Seidenraupen nach Spanien eingeführt hatten und in Italien Seidenweberei-Zentren entstanden. Heute ist der Seidenspinner so sehr zu einem Haustier geworden, daß er in freier Natur nicht mehr vorkommt.

SEIDENE GEWÄNDER
Lange Zeit war Seide ein teures Material für luxuriöse Braut- und Abendroben.

AUFSPULEN DER SEIDE
Diese Stiche (China, 19. Jhd.) zeigen das Aufwickeln der Kokonseide auf kleine Spulen. Heute erfolgt die Seidenherstellung maschinell, doch im Grunde nach dem gleichen Prinzip.

ENTWIRREN DES FADENS
Von den Ursprüngen in China (oben) bis ins Europa des 17. Jahrhunderts (unten) gab es kaum Veränderungen bei der Seidenherstellung. Die Insekten wurden in kochendem Wasser abgetötet, ehe sie schlüpfen und den Seidenfaden zerstören konnten. Heißes Wasser löst auch die klebrige Substanz auf, die die Stränge zusammenhält. Fäden mehrerer Kokons wurden aufgenommen, zusammengedreht und auf eine Spindel oder einen Rahmen gewickelt.

3 AUFBAU DER KOKONWÄNDE
Die Raupe bewegt sich zwischen den Blättern hin und her, wobei sie ständig Seide aus ihren Spinndrüsen abgibt; dadurch wird der Kokon immer dicker.

Im alten China wurden nach dem Entfernen der Seide die Puppenhüllen geöffnet und die Puppen gegessen.

1 EIN GEEIGNETES PLÄTZCHEN
Die Raupe des Maulbeerspinners sucht sich eine von Blättern umgebene Stelle zum Kokonbau. Dann beginnt sie mit dem Spinnen der Seide. Diese wird von Drüsen im Körper der Raupe produziert und durch die Spinnwarzen an der Unterlippe herausgepreßt.

Der Seidenfaden wird mehrfach an den umgebenden Blättern befestigt.

2 DIE ERSTEN SCHRITTE
Zuerst spinnt die Raupe ein kleines Netz. Der Seidenfaden wird zu einem lockeren Kokon verwoben. In diesem Stadium ist die Raupe noch deutlich sichtbar.

Der fast fertige Kokon ist ein dichtes Seidengespinst.

Jeder Kokon besteht aus einem einzigen Seidenfaden mit einer Länge von etwa 805 m.

4 VERDICHTEN DES GESPINSTES
Die Seidenummantelung wird dicker, und die Raupen sind im Kokon nun vor den meisten Parasiten und Räubern geschützt.

5 EIN SICHERER HAFEN
Jetzt bietet der dichte Kokon der Raupe vollen Schutz, während sie sich verpuppt und schließlich zum Schmetterling verwandelt.

Die völlig eingesponnene Raupe kann sich jetzt verpuppen.

Nachtfalter der gemäßigten Zonen

Nachtfalter der gemäßigten Zonen müssen ebenso wie die Tagfalter in diesen Breiten (S. 28 – 29) in der Lage sein, den kalten Winter zu überdauern. Manche überwintern als Ei, andere als Raupe, z. B. geschützt in einem Pflanzenstengel. Die meisten aber überdauern den Winter als Puppe, die bei manchen Arten noch zusätzlich von einem Kokon umgeben ist (S. 38 – 39). In den gemäßigten Klimazonen Europas, Asiens und Nordamerikas ist der Entwicklungszyklus auf die Frühlings- und Sommermonate abgestimmt. Die meisten Nachtfalter sieht man in warmen Sommernächten, wenn sie an Fenstern sitzen oder um andere Lichtquellen schwirren. Bei Mondschein kann man vielleicht sogar einen Nachtschmetterling beim Nektartrinken beobachten. Die meisten Nachtfalter fliegen zwar nachts, einige Arten sind jedoch tagaktiv (S. 48 – 49).

Die Weibchen dieser Art sind ganz weiß; bei den Männchen ist die Hinterflügeloberseite gelb.

GESPRENKELT *(oben)*
Estigmene acrea kommt in den verschiedensten Lebensräumen Nordamerikas und Mexikos vor.

Doppelt gefiederte Antennen

Die Flügel sind nach dem Tod verblaßt. Sie sind normalerweise hellgrün

Erwachsene Falter fressen nichts.

Die auffällige Zeichnung warnt Feinde: dieser Falter ist giftig.

Lange Schwanzfortsätze an den Hinterflügeln

SCHÖNER AUGENSPINNER
Der auffällige Mondspinner, *Actias luna,* kommt nur in Nordamerika vor. Durch Umweltverschmutzung und Pestizideinsatz ist er in freier Natur selten geworden. Wie der Indische Mondspinner (S. 36 – 37) ist er jedoch ein beliebtes Zuchttier.

GIFTIGER TIGER *(oben)*
Wie viele Bärenspinner wird auch die Tigermotte, *Grammia virgo* (Nordamerika), aufgrund ihrer ungenießbaren Körperflüssigkeit von Vögeln gemieden.

WOHNHÖHLE
Die Raupe von *Ectomyelois ceratoniae* (weltweit) verpuppt sich in ausgehöhlten Dornstrauchzweigen.

BLASSER, ABER AUCH GIFTIG *(rechts)*
Diese tagaktive Zunitigermotte, *Arachnis zuni,* lebt im Südwesten der USA und in Mexiko. Wie die Tigermotte, *Grammia virgo,* besitzt sie eine Warntracht.

Unauffällig gefärbte Vorderflügel

Abschreckung von Feinden durch plötzliches Zeigen der Hinterflügel

STARRER BLICK
Das Abendpfauenauge, *Smerinthus ocellata* (Europa, Asien), ist nach seinen Hinterflügelflecken benannt. Wird der Falter erschreckt, zieht er die Vorderflügel nach vorn und zeigt die „Augen".

Die „Augen" erschrecken Feinde.

APFELWURM *(links)*
Die Raupe des Apfelwicklers, *Laspeyresia pomonella* (weltweit), verursacht „wurmstichige" Äpfel und Birnen.

AUFLEUCHTENDE HINTERFLÜGEL
Ordensbänder gibt es in Europa, Asien und Amerika. Das Bronze-Ordensband, *Catocala cara,* ist eine von Kanada bis Florida verbreitete nordamerikanische Art.

**HARZIGE
KIEFERN**
Die Raupen des
Kiefernharzgallenwicklers,
Petrova resinella (Europa, Asien,
Nordamerika), verursachen Harzgallen.

KARMESINROTER SCHWÄRMER
Beim Mittleren Weinschwärmer,
Deilephila elpenor (Europa, Asien),
haben die Raupen Augenflecken zur
Abschreckung von Feinden.

*Dieser
Schwärmer
schwirrt in der
Dämmerung vor
Blumen und trinkt deren
Nektar.*

STATTLICHER SPANNER
Die Raupen des Nachtschwalbenschwanzes, *Ourapteryx
sambucaria* (Europa, Asien), sind typische Spannerraupen. Der lateinische Familienname *Geometridae*,
„Erdvermesser", charakterisiert
die Raupenbewegung
recht gut.

Totenkopf-
symbol

*Die
Flügel-
zeichnung
verschmilzt
mit der
Baumrinde.*

*Dicker,
behaarter Körper*

EIN ZWEIG?
Der Mondvogel, *Phalera
bucephala,* (Europa, Asien),
ähnelt in Ruhestellung einem
Zweig. Die auffallend großen, gelb-
lichweißen Flecken an den Vorderflügeln
erklären den deutschen Namen.

TOTENKOPFZEICHNUNG
Einer der interessantesten Nachtfalter ist der
Totenkopf, *Acherontia atropos* (Europa, Asien,
Afrika). Nicht nur die Totenkopfzeichnung auf
dem Rücken ist ungewöhnlich, sondern auch
seine Pieptöne bei Störung. Die Raupe frißt
Kartoffelblätter. Der adulte Schwärmer raubt
zuweilen Honig aus Bienenstöcken (S. 14 – 15).

DER GRÖSSTE EUROPÄER
Der größte europäische Nachtfalter, das
Wiener Nachtpfauenauge, *Saturnia pyri,*
gehört wie die riesigen Mondspinner zur
Familie der Augenspinner. Er kommt
hauptsächlich in Südeuropa
und Westasien vor.

*Das leuchtende Grün
ist beim toten Tier
verblaßt.*

**VERBLASSTE
SCHÖNHEIT**
Die Raupen des
Grünen Blatts,
*Geometra
papilionaria*
(Europa, Asien), sind
typische Spannerraupen.
Sie verpuppen sich auf
Zweigen.

**MAN VERGLEICHE
DIE HINTERFLÜGEL**
Nah verwandt mit dem Bronze-
Ordensband (gegenüberliegende
Seite) ist das eurasische Blaue
Ordensband, *Catocala fraxini.* Die hübschen
Hinterflügel sehen ganz anders aus als
die unauffälligeren Vorderflügel.

*Flügelspannweite
bis 70 mm*

*Augenflecken zur
Feindabschreckung*

Hinterflügel
it blauer
Mittelbinde

**TRINK-
GEWOHNHEIT**
Die Grasglucke,
Philudoria potatoria,
hat den volkstümlichen
Namen „Trinkerin", weil die
Raupen den Tau von ihren
Futterpflanzen, Gräsern, trinken. Sie
kommen in feuchten Lebensräumen
Europas und Asiens bis Japan vor.

*Die hübsche
rötlich-braune Färbung
ist in Ruhestellung eine
gute Tarnung.*

Exotische Nachtfalter

Da die meisten Nachtfalter sich tagsüber verstecken, übersieht man leicht, daß viele von ihnen an Farbenpracht und Mustervielfalt durchaus mit den Tagfaltern mithalten können. Das gilt besonders für die tropischen und subtropischen Arten aus Afrika, Asien, Australien, Mittel- und Südamerika. In tropischen Nächten schwärmen Falterarten, die außer Sammlern, die sie gezielt suchten, noch niemand je gesehen hat. Tagsüber verstecken sich diese Schmetterlinge in der tropischen Vegetation. Nachts ist es schwierig, die Falter zu fotografieren. So geben die Sammlungsstücke auf den nächsten vier Seiten wenigstens einen Eindruck von der Vielfalt der Farben, Formen und Muster tropischer Nachtfalter und Kleinschmetterlinge.

RAKETE
Die dem Feuerschweif einer Rakete ähnlichen Haarbüschel des Eulenfalters *Epicausis mithii* (Madagaskar) dienen der Duftstoffverbreitung.

„Raketenartige" Haarbüschel am Hinterleibsende

SCHÄDLING
Ein Süßkartoffelschädling aus Süd-, Mittel- und Nordamerika ist die Raupe des Süßkartoffelschwärmers, *Agrius cinqulatus*.

Lange Vorderflügel

DOPPELDECKER „TIGERMOTTE"
In den 20er Jahren benannte der britische Flugzeugbauer Geoffrey de Havilland eine Flugzeugserie nach ausdauernden Fluginsekten.

Transparente Flügel

Lange Vorderflügel

GUTER FLIEGER
Wie die meisten Schwärmer besitzt der Grüne Schwärmer, *Euchloron megaera* (Afrika), ein dickes Abdomen und ist ein ausdauernder Flieger.

Dicker Körper

WIE EIN TAGFALTER
Das japanische Grünwiddercchen *Agalope caudata* sieht eher wie ein Tagfalter aus.

Gefiederte Nachtfalterfühler

EINGEBORENENNAHRUNG *(oben)*
Der australische Wurzelbohrer *Charagia mirabilis* ist trotz seiner Größe ein Kleinschmetterling. Die australischen Ureinwohner essen seine Raupen.

TAG-FLIEGENDER ADONIS *(links)*
Zu den attraktivsten Nachtfaltern gehören einige tropische Uraniafalter. Der tagaktive *Alcides aurora* mit seinen fiedrigen Hinterflügeln kommt auf Neuguinea und den Salomoninseln vor.

NACHAHMER
Hibrildes norax (Afrika) flieg am Tage und ahmt einen unge nießbaren Tagfalter nach. Er legt sogar die Flügel wie ein Tagfalter über dem Rücken zusammen.

Männchen mit Duftbüscheln am Hinterleibsende

LANGER SCHWANZ *(unten)*
Der Kometenfalter, *Argema mittrei* (Madagaskar), ein wunderschöner Augenspinner, hat Flügel mit großen, abschreckenden Augenflecken.

OST UND WEST *(rechts)*
Diese alte Illustration zeigt zwei südamerikanische Schwärmer der Art *Xylopanes chiron* und einen asiatischen Falter, *Euchromia polymena* (oben).

Die Männchen besitzen in der Regel doppelt gefiederte Fühler.

Der Thorax ist dicht behaart.

BUNTE SCHILLERFARBEN *(rechts)*
Der auf den ersten Blick tagfalterähnliche herrliche Uraniafalter *Urania sloanus* (Jamaika) ist an seinen langen, fadenförmigen Fühlern als Nachtfalter erkennbar.

Feiner Fransensaum am Schwanz

Der lange Schwanzfortsatz geht verloren, wenn der Falter angegriffen wird.

WARNLEUCHTE
Wie andere Castniiden besitzt *Cyanostola hoppi* (Mittelamerika) leuchtend bunte Hinterflügel. Der Falter erschreckt durch Vorspreizen der Vorderflügel und das plötzliche Aufleuchten der Hinterflügel mögliche Angreifer.

Schreckfarben am Hinterflügel

Doppelt gefiederte Fühler

VERSCHLEIERUNG
In Ruhestellung hält dieser südamerikanische Eulenfalter seine Hinterflügel etwas weiter nach vorn als die Vorderflügel und löst so seine Umrisse auf. Die haarbüschelartigen Schuppen dienen dem Männchen zur Verbreitung seines Dufts (siehe S. 56 – 57).

GROSSER FALTER, KLEINE FAMILIE
Eine der kleinsten Nachtfalterfamilien ist die der Brahmaeiden mit nur etwa 20 Arten. Dieser Schmetterling, *Brahmaea wallichii*, mit seiner herrlichen Tarnzeichnung kommt aus Südostasien.

Bemerkenswerte Tarnzeichnung mit abschreckenden Augenflecken

Fortsetzung auf der nächsten Seite

Diese Risse in einem Blatt imitierenden hellen Flecken auf den Vorderflügeln verbessern die Tarnung.

Augenfleck

MIT OFFENEN AUGEN
Wenn der Augenspinner *Ludia dentata* (Afrika) seine Vorderflügel bewegt, kommen Augen zum Vorschein, die Angreifer erschrecken.

Lange Schwanzfortsätze lenken Feinde ab.

GESCHWÄNZTE FLÜGEL
Durch das kompliziert gemusterte Tarnkleid und die seltsame Flügelform ist der Augenspinner *Copiopteryx decerto* (Südamerika) unverkennbar.

Die hellere Randzeichnung verstärkt in Ruhestellung die Tarnwirkung.

ZUSÄTZLICHER SCHUTZ
Die südamerikanische Pericopine *Chetone phyleis* imitiert einen ungenießbaren Tagfalter der Gattung *Heliconius* (S. 56 – 57).

Die Flügelspi... erinnert an ein z... schlissenes Bl...

FRISCH GESCHLÜPFT
Die zusammengefalteten Flügel verleihen dem aus der Puppe geschlüpften Nachtfalter ein seltsames Aussehen (S. 24. – 25).

GUT GETARNT
Kaum ein großer Nachtfalter verschmilzt besser mit dem Hintergrund als der südamerikanische Augenspinner *Loxolomia serpentina*.

BLATTARTIG GETARNT
Über die wirkungsvoll als verrottendes Blatt getarnte Midilide *Eupastrana fenestrata* (Südamerika) weiß man nur wenig.

SCHRECKFLÜGEL
(unten)
Wenn *Acrojan rosacea* (Westafrika) gestört wird, erschreckt sie den Störenfried durch plötzliches Aufblitzen der Hinterflügel.

EKELERREGEND
Campylotes kotzschi (Indien) gehört zu den Widderchen, die wegen ihrer übelschmeckenden Körperflüssigkeit von Vögeln gemieden werden.

Schlichte Vorderflügel tarnen den ruhenden Falter.

Ränder der Flügellappen mit haarförmigen Fransen

Die langen Lippentaster dienen vielleicht zum Untersuchen der Nahrung.

GETEILTE FLÜGEL *(oben)*
Bei dem Geistchen *Orneodes doherty* (Afrika) sind Vorder- und Hinterflügel in jeweils sechs Lappen geteilt.

Das heimische Kleine Nachtpfauenauge, *Eudia pavonia*, besitzt doppelt gefiederte Fühler wie der verwandte tropische Atlasspinner (unten).

NAHRUNGS-PRÜFER *(oben)*
Der Zünsler *Arbina penicilana* (Südamerika) besitzt aus noch unbekannten Gründen sehr lange Lippentaster.

Die Spannweite der Vorderflügel beträgt 200 mm.

TAGFLIEGER
Die auffällig gepunktete *Longicella mollis* ist ein tagaktiver Nachtfalter aus Indonesien.

Mit den für Augenspinner typischen, doppelt gefiederten Fühlern nimmt das Männchen die Duftstoffe des Weibchens wahr.

„Glasfenster" verwirren Feinde wahrscheinlich durch spiegelartiges Reflektieren des Lichts.

METALLICFARBEN *(unten)*
Manche tagaktiven Widderchen aus Südostasien besitzen metallisch glänzende Flügel, deren Farbe sich je nach Lichteinfall ändert. Die Abbildung zeigt *Erasmia pulchella.*

RIESENFALTER
Atlasspinner wie *Archaeoattacus edwardsi* (Indien) gehören zu den größten Schmetterlingen der Welt: ihre Flügelfläche ist größer als bei allen anderen Schmetterlingen.

SCHMETTERLING ODER WESPE? *(unten)*
Mit transparenten Flügeln und langen Fühlern ähneln Fleckenbären wie *Cocytius durvilli* (Neuguinea) Bienen oder Wespen und werden wegen ihrer vorgetäuschten Wehrhaftigkeit nicht angegriffen.

Auffällige Schillerfarben warnen vor einem ungenießbaren Schmetterling.

Transparente Flügel verstärken den wespenähnlichen Eindruck.

Tagaktive Nachtfalter

Nachtfalter hält man allgemein für Nachttiere (daher der Name). Für die Mehrzahl dieser Schmetterlinge trifft dies auch zu, doch gibt es auch eine Reihe tagaktiver Nachtfalter. Wenn sie tagsüber aufgeschreckt werden, fliegen auch andere Nachtfalter weg; doch auf diesen beiden Seiten werden an das Tagleben angepaßte Nachtfalter gezeigt. In vielem ähneln diese Schmetterlinge den Tagfaltern, doch ihr Körperbau, besonders der Koppelungsmechanismus zwischen Vorder- und Hinterflügel, charakterisieren sie als Nachtfalter. Auch die Form der Flügel ist oft anders als bei Tagfaltern, und sie besitzen in der Regel keine keulenförmigen Fühler (S. 6 – 7). Doch in allem gibt es Ausnahmen: Widderchen haben keulenförmig angeschwollene Fühler, manche Uraniafalter haben tagfalterartige Flügel, allerdings schlanke Nachtfalterfühler. Manche dieser Insekten gehören Familien an, in denen die Mehrzahl der Arten nachtaktiv ist, bei anderen, wie den Widderchen, ist Tagaktivität die Regel. Zu den tagaktiven Nachtfaltern gehören so interessante Arten wie das Taubenschwänzchen, das im Schwirrflug vor den Blüten stehend mit seinem langen Rüssel Nektar trinkt. Viele tagfliegende Nachtfalter sind auffällig bunt.

Purpurroter Zünsler, *Pyraustra purpuralis,* (Europa, Asien) und Gartenzünsler, *Eurrhypara hortulata,* (Europa, Asien)

GESTREIFT
Die Flügel von *Euchromia lethe* (Afrika), sind nicht so auffällig wie die vieler anderer Schmetterlinge, doch das Abdomen ist bunt gestreift. Viele Nachtfalter besitzen Streifen am Hinterleib. Manche imitieren Wespen, andere sind bunter. Die abgebildete Art findet man manchmal auf importierten Bananen.

Tagfalterartige Flügel, schlanke Fühler und bunte Schillerfarben machen diesen Uraniafalter zu einem besonders hübschen Nachtfalter.

SÜSSE VERSUCHUNG
Will man Schmetterlinge in den eigenen Garten locken, sollte man Pflanzen ziehen, die sie mit Duft und Nektar anlocken. Zu den für Schmetterlinge besonders attraktiven Pflanzen zählen Buddleias, Astern und einige *Hebe*-Arten (rechts).

Behaartes, bienenartig gestreiftes Abdomen

WURZELBOHRER
Der Große Wurzelbohrer oder die Bienenmotte, *Melittia gloriosa* (Nordamerika), ähnelt einer Biene. Durch sein Flugverhalten verstärkt sich dieser Eindruck noch. Die Raupen fressen Wurzeln verschiedener Kürbisgewächse.

GIFTTRINKER
Urania sloanus (Jamaika) hat eine ungewöhnliche Ernährung. Die Raupen fressen auf einer Pflanze, die für die meisten Tiere giftig ist, das Insekt aber schützt ihr Genuß vor Feinden.

LANGSAMER FLIEGER
Gnophaela arizonae (Nord- und Mittelamerika) findet man in Schwärmen auf hochgelegenen Wiesen. Langsamer Flug, auffällige Zeichnung und Tagaktivität legen nahe, daß dieser Falter von Feinden wegen seiner Ungenießbarkeit gemieden wird.

METALLISCHER SPANNER
Mit metallisch glänzenden Farb-
schuppen, die im Licht schillern,
entspricht der Spanner *Milionia
paradisea* (Papua-Neuguinea)
nicht der Vorstellung vom
unscheinbaren Nachtfalter.

VORSICHT, UNGENIESSBAR!
Das ebenfalls ungenießbare farben-
prächtige Weißfleckwidderchen,
Syntomis phegea (Europa, Asien),
ist an bodennaher Vegetation in
den wärmeren Gegenden
Europas und Asiens an-
zutreffen.

REFLEKTOR
Schillerfarben wie
bei *Milionia
exultans,* einem
Spanner vom Bis-
marckarchipel,
werden durch licht-
brechende Schuppen
verursacht, die aus
durchsichtigen
Lamellen aufge-
baut sind.

*Raupe der Schwar-
zen Garte-
neule*

VARIABLE MUSTER
Das Blutströpfchen *Zygaena
ephialtes* (Europa, Asien) ist
eine sehr variable Art mit unterschiedlich gemusterten roten
oder gelben Flügeln. Es ist bei
Sammlern heiß begehrt.

FAVORIT DER SAMMLER
Die variable Flügelzeich-
nung macht auch das
Provence-Blutströpfchen,
Zygaena occitania
(Europa), zu einem
begehrten Sammelobjekt.

*Tauben-
schwänzchen*

*Raupe des
Taubenschwänzchens*

*Schwarze
Garteneule*

KOLIBRI?
Die meisten
Berichte von Kolibris in
Europa und Asien lassen sich
als Beobachtungen des Taubenschwänzchens, *Macroglossum
stellatarum,* (Europa, Asien, Nordafrika), erklären.

*Hebe salicifolia ist die
kältetoleranteste
Hebe-Art.*

SCHWÄRMER
Diese Darstellung eines Tau-
benschwänzchens stammt
aus einer Neuauflage des
Schmetterlingsbuches *The
Aurelian* (1766) von Moses
Harries (S. 58). Auf dem
Boden ist die nachtaktive
Schwarze Garteneule
Melanchra persicariae
(Europa, Asien), zu sehen.

*Viele Agaristidenarten
besitzen eine ähnliche
Schreckzeichnung.*

EXOT
Agaristiden wie *Exsula dentatrix* (Asien) sind
hauptsächlich tropische Nachtfalter mit einigen
wenigen Vertretern in Nordamerika, nicht aber in
Europa. Viele Tagflieger sind
bunt, oft mit einem orange-
schwarzen Grundmuster.

WARNFARBEN
Eine ganze Reihe von
Nachtfaltern besitzt eine
schwarz-gelbe Warntracht
wie diese südamerikanische
Art, *Ephestris melaxantha.*
Die meisten ihrer Verwandten
sind tagaktiv; man weiß
allerdings wenig über ihre Lebensweise.

Zug und Überwinterung

Der Vogelzug ist eine von altersher bekannte Erscheinung. Die Wanderungen der Schmetterlinge dagegen sind eine neuere Entdeckung. Im Gegensatz zu den Vögeln ziehen die Schmetterlinge meist nur in eine Richtung – vom Ort der Kinderstube in neue Gebiete. Für diese Wanderungen sind mehrere Ursachen möglich: zu hohe Individuendichte, Suche nach neuen Lebensräumen, Veränderung temporärer Lebensräume, z. B. landwirtschaftlicher Nutzflächen, oder Anpassung an die Jahreszeiten. Für Vögel und für Schmetterlinge bietet der Sommer auch weiter nördlich Möglichkeiten zur Fortpflanzung. So wandern einige nordafrikanische und südeuropäische Falter nach Norden, wenn die frische Vegetation dort neue Eiablageplätze bietet. Paarung und Eiablage erfolgen oft auch unterwegs.

ERKLÄRUNGEN ZUR WELTKARTE

- Monarchfalter
- Taubenschwänzchen
- Schwefelweißling
- Gammaeule
- Distelfalter
- Afrikanischer Wanderfalter
- Bogongeule

STARTPLÄTZE

Die Weltkarte (rechts) zeigt einige der wichtigsten Ausgangspunkte für Schmetterlingswanderungen. Bei manchen Arten gibt es genau festgelegte Routen. Ein Beispiel ist die Bogongeule, die in solchen Massen von Nord- nach Südaustralien zieht, daß sie dort, wo sie rastet, ganze Fabriken lahmlegt. Andere Arten, so der Distelfalter, fliegen auf unterschiedlichen Routen um die Welt.

EUROPA

ASIEN

NORD-AMERIKA

AFRIKA

SÜD-AMERIKA

AUSTRALIEN

Millionen dieser Falter sind während der Zugzeit im Osten der USA zu sehen.

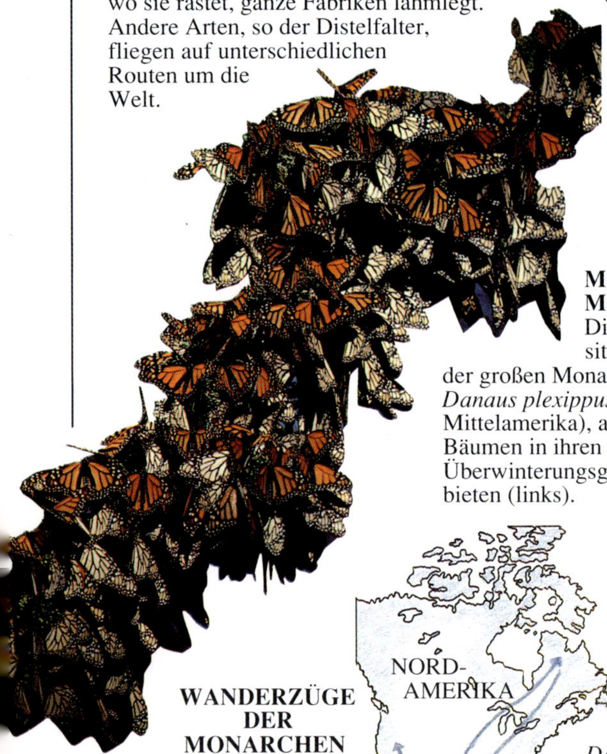

MASSEN VON MONARCHEN
Dicht gedrängt sitzen Tausende der großen Monarchfalter, *Danaus plexippus* (Nord- und Mittelamerika), auf Bäumen in ihren Überwinterungsgebieten (links).

GAST AUS DEM SÜDEN *(oben)*
Der Schwefelweißling, *Phoebus sennae*, wandert im Sommer von Mexiko und den südlichen USA weit nach Norden. Viele Arten wandern zwischen den Karibischen Inseln und dem Süden der USA (unten).

NORD-AMERIKA

SÜD-AMERIKA

WANDERZÜGE DER MONARCHEN
Der Monarch fliegt von Kanada und der Ostküste der USA quer durch Amerika in seine Winterquartiere nach Kalifornien und Mexiko. Wenn er den Winter überlebt hat, fliegt er wieder nach Norden.

Der Monarchfalter hat eine Flügelspannweite von bis zu 100 mm.

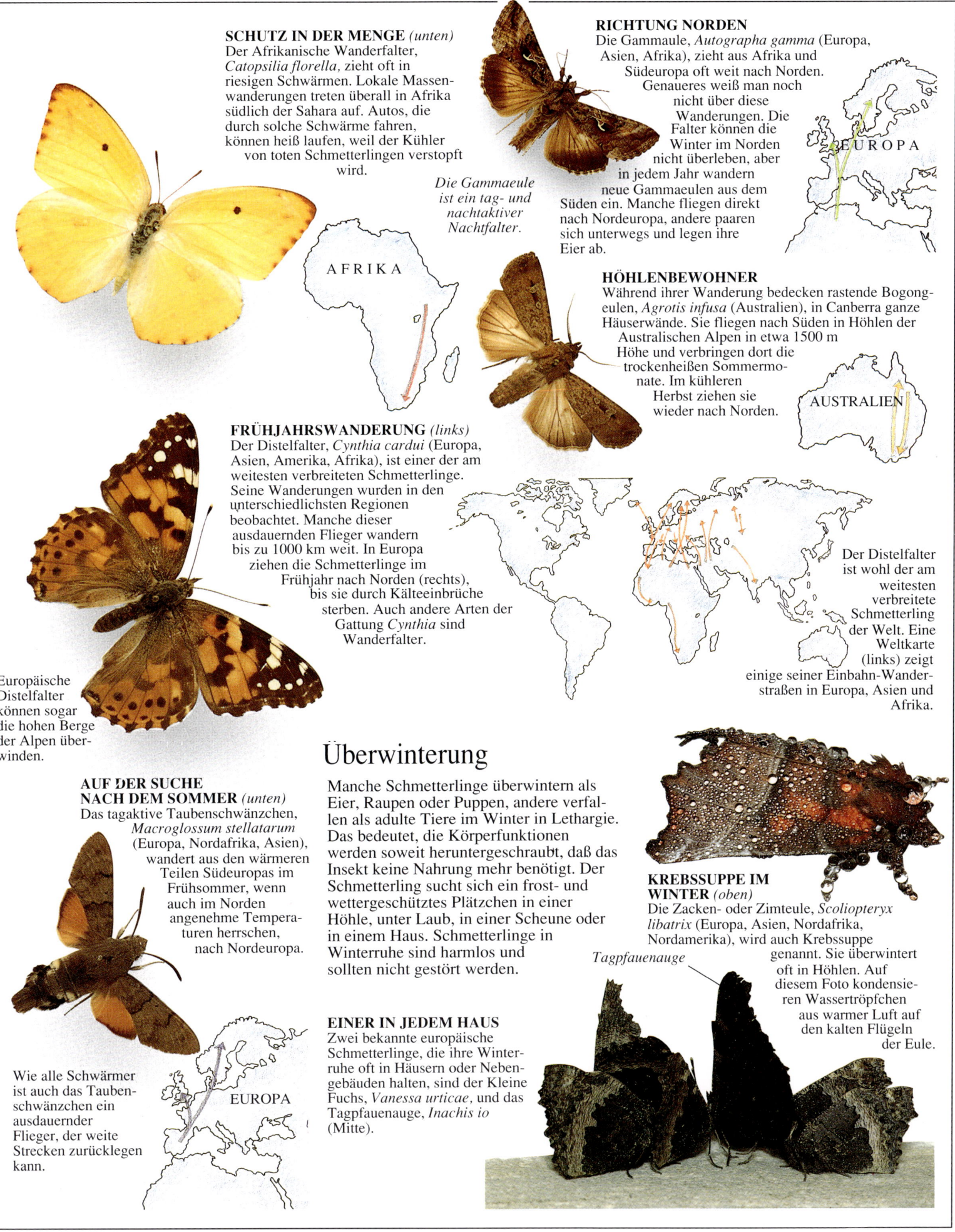

SCHUTZ IN DER MENGE *(unten)*
Der Afrikanische Wanderfalter, *Catopsilia florella,* zieht oft in riesigen Schwärmen. Lokale Massenwanderungen treten überall in Afrika südlich der Sahara auf. Autos, die durch solche Schwärme fahren, können heiß laufen, weil der Kühler von toten Schmetterlingen verstopft wird.

RICHTUNG NORDEN
Die Gammaule, *Autographa gamma* (Europa, Asien, Afrika), zieht aus Afrika und Südeuropa oft weit nach Norden. Genaueres weiß man noch nicht über diese Wanderungen. Die Falter können die Winter im Norden nicht überleben, aber in jedem Jahr wandern neue Gammaeulen aus dem Süden ein. Manche fliegen direkt nach Nordeuropa, andere paaren sich unterwegs und legen ihre Eier ab.

Die Gammaeule ist ein tag- und nachtaktiver Nachtfalter.

AFRIKA

EUROPA

HÖHLENBEWOHNER
Während ihrer Wanderung bedecken rastende Bogongeulen, *Agrotis infusa* (Australien), in Canberra ganze Häuserwände. Sie fliegen nach Süden in Höhlen der Australischen Alpen in etwa 1500 m Höhe und verbringen dort die trockenheißen Sommermonate. Im kühleren Herbst ziehen sie wieder nach Norden.

AUSTRALIEN

FRÜHJAHRSWANDERUNG *(links)*
Der Distelfalter, *Cynthia cardui* (Europa, Asien, Amerika, Afrika), ist einer der am weitesten verbreiteten Schmetterlinge. Seine Wanderungen wurden in den unterschiedlichsten Regionen beobachtet. Manche dieser ausdauernden Flieger wandern bis zu 1000 km weit. In Europa ziehen die Schmetterlinge im Frühjahr nach Norden (rechts), bis sie durch Kälteeinbrüche sterben. Auch andere Arten der Gattung *Cynthia* sind Wanderfalter.

Der Distelfalter ist wohl der am weitesten verbreitete Schmetterling der Welt. Eine Weltkarte (links) zeigt einige seiner Einbahn-Wanderstraßen in Europa, Asien und Afrika.

Europäische Distelfalter können sogar die hohen Berge der Alpen überwinden.

Überwinterung

Manche Schmetterlinge überwintern als Eier, Raupen oder Puppen, andere verfallen als adulte Tiere im Winter in Lethargie. Das bedeutet, die Körperfunktionen werden soweit heruntergeschraubt, daß das Insekt keine Nahrung mehr benötigt. Der Schmetterling sucht sich ein frost- und wettergeschütztes Plätzchen in einer Höhle, unter Laub, in einer Scheune oder in einem Haus. Schmetterlinge in Winterruhe sind harmlos und sollten nicht gestört werden.

AUF DER SUCHE NACH DEM SOMMER *(unten)*
Das tagaktive Taubenschwänzchen, *Macroglossum stellatarum* (Europa, Nordafrika, Asien), wandert aus den wärmeren Teilen Südeuropas im Frühsommer, wenn auch im Norden angenehme Temperaturen herrschen, nach Nordeuropa.

Wie alle Schwärmer ist auch das Taubenschwänzchen ein ausdauernder Flieger, der weite Strecken zurücklegen kann.

EUROPA

KREBSSUPPE IM WINTER *(oben)*
Die Zacken- oder Zimteule, *Scoliopteryx libatrix* (Europa, Asien, Nordafrika, Nordamerika), wird auch Krebssuppe genannt. Sie überwintert oft in Höhlen. Auf diesem Foto kondensieren Wassertröpfchen aus warmer Luft auf den kalten Flügeln der Eule.

Tagpfauenauge

EINER IN JEDEM HAUS
Zwei bekannte europäische Schmetterlinge, die ihre Winterruhe oft in Häusern oder Nebengebäuden halten, sind der Kleine Fuchs, *Vanessa urticae,* und das Tagpfauenauge, *Inachis io* (Mitte).

Formen, Farben und Muster

Die Nachtfalter gehören zu den farbenprächtigsten Lebewesen der Erde. Tagfalter gleichen mit ihrer Farbenpracht „fliegenden Blüten", doch die Nachtfalter weisen eine weitaus größere Vielfalt von Flügelzeichnungen und Flügelformen auf. Die Farbmuster spielen im Leben dieser Insekten eine große Rolle. Sie dienen als Schutztracht zur Tarnung (S. 54–55) oder machen im Gegenteil auf den Falter aufmerksam. Auffällige Farben warnen Feinde vor einem ungenießbaren Insekt – oder sie „verkaufen" ein harmloses Tier z. B. als gefährliche Wespe; solche Nachahmung dient dem Falter ebenfalls als Schutz. Eine andere wichtige Funktion auffälliger Farbmuster ist das Anlocken eines Geschlechtspartners.

SCHMETTERLING ODER HORNISSE?
Der tagaktive Hornissenschwärmer, *Sesia apiformis* (Amerika, Europa, Asien), ein Glasflügler, imitiert in Aussehen und Verhalten eine Hornisse. Ein guter Schutz, denn wer legt sich schon mit Hornissen an?

STACHELMUSTER
Dornenartige Flügelzeichnung der Eule *Apsara radians* (Asien).

VERSCHWIMMENDE UMRISSE
Auflösung der Umrisse bei der afrikanischen Eule *Mazuca strigicincta*.

WIE WEGGEZAUBERT
Die Eule *Diphthera festiva* (Mittel- und Südamerika) „verschwindet" fast vor einem geeigneten Hintergrund.

KÜNSTLERISCH WERTVOLL
Auflösung der Umrisse durch Linien und Streifen beim ostasiatischen Eulenfalter *Baorisa hieroglyphica*.

NICHTS FÜR VÖGEL
Die Raupe der Erleneule, *Acronicta alni* (Europa), sieht als kleine Larve wie Vogelkot aus. Später werden die weißen Streifen gelb und lassen sie aggressiver aussehen. Keulige Haare geben ihr ein ungewöhnliches Äußeres.

Flügelzeichnung als Schutztracht

Falsche „Augen"

Schwanzgabel

FURCHTERREGEND
Die Raupe des Großen Gabelschwanzes, *Cerura vinula* (Europa, Asien), droht mit roten Flecken und falschen „Augen". Außerdem schiebt sie zwei fadenförmige Fortsätze aus der Schwanzgabel.

AUGEN IM DUNKELN
Durch Form und Zeichnung ist die mittel- und südamerikanische Art *Nothus lunus* getarnt. Die Augenflecken können eine Schrecktracht darstellen, doch gibt es keine Freilandbeobachtungen, die das bestätigen.

Augenfleck

PERLE DES ORIENTS
Dieser Zünsler, *Margaronia quadrimaculalis* (Ostasien), besitzt perlweiße Flügel mit braunem Muster.

WESPENTRACHT
Dieser Zünsler, *Glyphodes militans* (Ostasien), besitzt als Schutztracht einen wespenähnlichen Körper.

GETUPFTE FLÜGEL
Durch seine Vorderflügel ist der Fensterschwärmer *Rhodononeura limatula* (Madagaskar) gut getarnt.

DURCHEINANDER VON FARBEN
Cerace xanthocosma (Japan) wird wegen seiner Farbflecken und -wirbel Kaleidoskopfalter genannt.

ROT ALS WARNUNG
Der Bärenspinner *Composia credula* (Antillen) weist mit einer schwarz-roten Warntracht Feinde auf seine Ungenießbarkeit hin.

DER GRÖSSTE SCHMETTERLING *(unten)*
Ein so großer Schmetterling wie die Rieseneule *Thysania aggrippina* (Mittel- und Südamerika) kann sich kaum verstecken. Doch die zarte Flügelzeichnung tarnt ihn an Baumstämmen.

VOGELKÖDER
Der Uraniafalter *Micronia astheniata* (Asien) hat helle Flügel mit dunkleren Streifen. Die Schwanzflecken sollen wohl Vögel dazu verleiten, nach dieser Stelle statt auf den Körper zu picken.

Flügelspannweite bis 300 mm

„Schwanzfühler" werden in Abwehrstellung aufgestellt.

VERÄRGERTE RAUPE
Wenn die Raupe des Buchenspinners, *Stauropus fagi* (Europa, Asien), gestört wird, droht sie, indem sie Vorder- und Hinterleib aufrichtet, die Beine abwinkelt und mit den fühlerartigen Nachschiebern am letzten Segment wedelt.

Die charakteristischen Hinterflügel gleichen langen Schwänzen.

WELLENLINIEN
Bei dem Wickler *Acleris emargana* (Nordamerika, Europa, Asien) besteht die Tarnung unter anderem in der Vermeidung gerader Linien. Die gewellten Vorderflügel verdecken beim ruhenden Falter die hellen Hinterflügel; der Schmetterling verschmilzt mit der Umgebung.

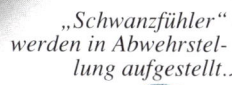

Gewellter Vorderflügel

„LANGSCHWÄNZIGER" FALTER
Himantopterus marshalii, ein Widderchen aus Afrika, besitzt charakteristische lange, schwanzartige Hinterflügel. Das Tier flattert über das Gras und zieht die Hinterflügel in Wellenbewegungen nach.

Tarnung

Jedes Tier benötigt in freier Natur irgendeinen Schutz vor Feinden. Ein wehrloser Schmetterling hat – wenn er nicht gerade ungenießbar ist – nur die Möglichkeit, sich unkenntlich zu machen. Das kann durch Nachahmung eines Gegenstandes, z. B. eines Blatts, oder durch Verschmelzen mit dem Hintergrund (Bäumen, Blättern oder Felsen) durch entsprechende Körper- und Flügelzeichnung geschehen. Da sie bei Tageslicht besonders gefährdet sind, ist bei vielen Raupen und ruhenden Nachtfaltern die Verschmelzung mit dem Hintergrund bis zur Perfektion entwickelt. Tagfalter, die mit über dem Rücken gefalteten Flügeln ruhen, haben andere Methoden der Tarnung. Manche Waldschmetterlinge ruhen nachtfalterartig mit ausgebreiteten Flügeln, andere sind als „totes" oder „lebendes" Blatt getarnt. Diese Form der Tarnung erreicht beim Indischen Blattschmetterling ihren absoluten Höhepunkt.

Aufgerichteter Kopf des Schmetterlings

Flügel des Schmetterlings

Blattschmetterling in Ruhestellung auf einem Ast

Braune Unterseite des Blattschmetterlings

Orange-blaue Oberseite des Blattschmetterlings

Ähnlichkeit mit Blattadern und -mittelrippe

DER INDISCHE BLATT-TRICK
Das wohl spektakulärste Beispiel für Tarnung stellt dieser Indische Blattschmetterling, *Kallima inachus*, dar. In Ruhestellung sieht er genau wie ein trockenes Blatt am Ast aus. Er ruht häufig im Laub am Boden, wo er praktisch unsichtbar ist.

DER FALSCHE ANFANG *(links)*

Die kleinen Flecken am Hinterflügel des Uraniafalters *Cyphura pardata* (Neuguinea) verleiten Vögel, auf diese Stelle statt auf wichtigere Körperteile zu zielen. Der Schmetterling kann dann auch mit angepicktem Flügel fliehen. Die rißartige Zeichnung des Vorderflügels tarnt den sitzenden Falter.

„Rissiges" Flügelmuster

STADTANZUG UND BAUERNTRACHT

Vor über 100 Jahren bemerkte man, daß in den Städten schwarze Birkenspanner, *Biston betularia* (Europa), häufiger wurden. Sie wurden von den Vögeln auf den durch Luftverschmutzung geschwärzten Baumstämmen eher übersehen als die hellere Form. Auf dem Lande ist die weiß gesprenkelte Form häufiger.

Schwarze Form

Gesprenkelte Form

FLECHTEN-WESEN *(rechts)*

Diese Eulenfalter aus einem Regenwald Costa Ricas sind durch ihr unheimliches, flechtenartiges Aussehen auf dem flechtenbewachsenen Stamm geschützt.

WO IST DIE RAUPE? *(links)*

Durch das Verschmelzen mit der Baumrinde ist diese Gluckenraupe (Art unbekannt) tagsüber für Feinde praktisch unsichtbar.

Unbeschuppte Stellen vermitteln den Eindruck eines löchrigen Blattes.

VERROTTENDES BLATT *(oben)*

Belenoptera sanguine (Südamerika) imitiert ein totes Blatt mit „skelettierten" Teilen, die man oft im fortgeschrittenen Verrottungsstadium findet. In Ruhestellung werden die vorderen Flügelteile eingerollt und ähneln dann einem Blattstiel.

Birkenspanner auf einem Baum im Sherwood Forest, England

ZERFRESSENES BLATT *(oben)*

Die Tarnung als Blatt wird bei diesem grünen Zünsler, *Siga liris* (Südamerika), durch die unregelmäßigen unbeschuppten Stellen auf den Flügeln noch wirkungsvoller. Sie erinnern an Fraßlöcher.

Zahnspinner (Südamerika)

Tarnung als Holzstück

Zahnspinner (Südamerika)

HOLZBOHRER *(oben)*

Die Raupe dieses Holzbohrers aus Mittelamerika bohrt in Bäumen. Der erwachsene Falter ist auf der Baumrinde praktisch nicht zu erkennen.

ALS SCHMETTERLING UNKENNTLICH

Diese drei Nachtfalter wurden in ihrer normalen Ruhestellung genadelt. So kann man sehen, wie erfolgreich sie getarnt sind. Wenn ein Schmetterling überleben will, darf er nicht als solcher zu erkennen sein.

WO IST DER FALTER? *(oben)*

Auch dieser Holzbohrer verschmilzt dank seiner hübschen Zeichnung hervorragend mit der Umgebung.

Tarnung als totes Blatt

Augenspinner, *Automeris* species, (Südamerika)

Mimikry und andere Besonderheiten

Einige Schmetterlingsarten zeigen ganz erstaunliche Anpassungen. So gibt es Nachtfalter, deren Raupen in Ameisenhaufen, Bienenstöcken oder sogar unter Wasser leben. Außerdem ahmen manche Schmetterlingsarten bewundernswert perfekt andere Arten nach. Vor allem in den Tropen gibt es eine ganze Reihe grellbunter Schmetterlinge. Ihre Farbenpracht bedeutet in der Regel, daß sie giftig sind. Doch man sollte sich nicht täuschen lassen: ein Schmetterling, der scheinbar zur gleichen Art gehört, kann auch ein ungiftiger Doppelgänger sein.

Aus diesem Loch ist der Schmetterling (oben rechts) nach dem Puppenstadium geschlüpft.

Raupe

SPRINGBOHNENFALTER
Bei der mittelamerikanischen Springenden Bohne handelt es sich um Teilfrüchte eines Wolfsmilchstrauches, in denen die Raupe von *Cydia saltitans* sitzt. In der Nähe einer Wärmequelle springt die Raupe mehrere Millimeter hoch. Dadurch wird wohl die Überhitzung der Raupe durch die Sonne vermieden.

Nachahmer, *Dismorphia orise,* Familie Weißlinge

Ungenießbarer Falter, *Methona confusa,* Familie Ithomiidae

Nachahmer, *Lycorea phenarete,* Familie Danaidae

Nachahmer *Gazera linus,* Familie Castniidae.

ZUCKERROHRSCHÄDLING
Die Raupen des Zuckerrohrzünslers, *Eldana saccharina,* sind in Afrika gefürchtete Schädlinge, weil sie in Zuckerrohr bohren.

KRANKHEITSÜBERTRÄGER
Der Zünsler *Filodes sexpunctalis* benutzt seinen Saugrüssel zum Trinken von Tränenflüssigkeit an den Augen von Rindern. Dabei kann er Krankheiten übertragen.

WASSERMOTTE
Die Raupe der Braunen Wassermotte, des Zünslers *Elophila nymphaeata* (Europa, Asien), lebt in Wasserpflanzen (siehe S. 57).

EIN FEIND IM STOCK
Bienenstöcke können von den Raupen der Wachsmotte *Galleria,* eines nordamerikanischen Zünslers, zerstört werden. Sie fressen nicht nur das Wachs, sondern überziehen den Bienenstock auch mit dichten Gespinsten (rechts).

Ein Eulenfalter ˈ rt und Herkunft unbekannt).

Der Bärenspinner *Creatonotos gangis* (Australien, Asien)

Ausgestülpte Dufthaarbüschel

DER RICHTIGE DUFT
Diese bei einigen Schmetterlingsmännchen auftretenden eigentümlichen Haarbüschel sind ausgestülpte Duftschuppenbüschel, die der Verbreitung von Geschlechtslockstoffen dienen und bei Nichtbenutzung in Tracheen verborgen sind.

ORIGINAL ODER FÄLSCHUNG?
Obwohl diese vier südamerikanischen Schmetterlinge sich sehr ähnlich sehen, gehören sie ganz verschiedenen Familien an. Drei von ihnen sind vor Feinden geschützt, weil der Ithomiide, dem sie gleichen, ungenießbar ist (mehr über Mimikry auf der nächsten Seite).

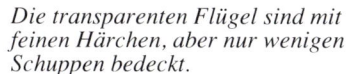

Die transparenten Flügel sind mit feinen Härchen, aber nur wenigen Schuppen bedeckt.

Schuppen

SILBERBLITZ
Der Silberfalter, *Argyrophorus argenteus,* ist einer der auffälligsten Falter aus den Hochgebirgsregionen der Anden. Seine silbermetallischen Flügel reflektieren das Licht. Dadurch scheint er im Flug zu verschwinden und wieder aufzutauchen.

TAUCHERGLOCKE
Die Zeichnung zeigt die adulte Braune Wassermotte (siehe S. 56) und ihre Raupe, die sich einen Wasserpflanzenblattköcher gebaut hat.

EIN GEIST IM REGENWALD
Wie ein Geist gaukelt der südamerikanische Augenfalter *Haetera macleannania* durch den Regenwald. Durch seine kaum beschuppten, durchsichtigen Flügel ist er im Dschungel fast unsichtbar.

Nachtfalterartiger Flügelkopplungsmechanismus

DER ÄLTESTE AUSTRALIER? *(oben)*
Als einziger Tagfalter mit nachtfalterartiger Koppelungsvorrichtung zwischen Vorder- und Hinterflügel ist der australische *Euschemon rafflesia* wohl einer der urtümlichsten Tagfalter.

Raupe im Blattköcher auf der Unterseite einer Wasserpflanze

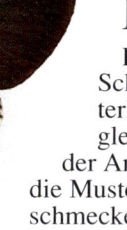

SAISONFORMEN *(unten und unten links)*
Die völlig verschiedenen Schmetterlinge unten und unten links gehören zur gleichen Art, *Precis octavia* (Afrika). Die Flügelzeichnung eines Schmetterlings der Regenzeit unterscheidet sich stark von der eines Trockenzeitschmetterlings.

Trockenzeitform

GIFTIGES BABY *(unten)*
Trotz ihres hübschen Äußeren sollte man diese Sattelraupe eines tropischen Limacodiden nicht berühren: ihre giftigen Haare und Stacheln lösen Hautreaktionen aus.

Regenzeitform

DIE GRÖSSTE ÄHNLICHKEIT *(unten)*
Der Kleine Kurier aus Ecuador ahmt seinen gleichermaßen giftigen Mitbewohner im Regenwald, den Großen Kurier, nach. Die beiden brasilianischen Unterarten (rechts) ähneln sich noch stärker.

Kleiner Kurier, *Heliconius erato* (Ecuador)

Großer Kurier, *Heliconius melpomene* (Ecuador)

Mimikry
Einer der bemerkenswertesten Schutzmechanismus bei Schmetterlingen ist die Nachahmung im gleichen Lebensraum vorkommender Arten. Oft imitieren genießbare Arten die Muster einer übelriechenden oder übelschmeckenden Art. Vögel und andere Feinde lernen, bestimmte Warnzeichnungen mit ungenießbaren Arten in Verbindung zu bringen, die sie künftig meiden – dieser Schutz umfaßt dann auch die genießbaren Nachahmer.

Kleiner Kurier, *Heliconius erato* (Brasilien)

Großer Kurier, *Heliconius melpomene* (Brasilien)

Gefährdete Arten

Ihre Spezialisierung auf bestimmte Pflanzen und Lebensräume macht die Schmetterlinge besonders anfällig für Umweltveränderungen, besonders für solche, die der Mensch verursacht. Viele dieser einst häufigen schönen Insekten wurden erst in jüngster Zeit zu seltenen oder gefährdeten Arten und starben schließlich aus. In den Tropen gibt es noch immer mehr Schmetterlinge als in Europa oder Nordamerika, aber die Zerstörung des Regenwaldes hat auch dort ihre Zahl und Vielfalt verringert. In unseren Breiten führt die Zersiedlung der Landschaft dazu, daß zunehmend mehr Insektenarten gefährdet sind. Viele dieser Arten stehen auf der Roten Liste der Internationalen Naturschutzunion (IUCN).

Aufgemalte Augenflecken

SCHMETTERLINGS-SCHWINDLER
Diese falschen Falter stammen aus dem Jahr 1702. Nach dem Aufmalen von Augenflecken auf die Flügel von Zitronenfaltern stellte sie der „Sammler" als neue Art vor, die später als „*Papilio ecclipsis*" beschrieben wurde.

Beschädigter Flügel

Für Ritterfalter typische, große Flügel mit Schwanzfortsätzen

HISTORISCHER SAMMLER
(unten)
Unser Wissen über Schmetterlinge beruht weitgehend auf der Arbeit der alten Sammler, z. B. des Engländers Moses Harris, dessen Buch „*The Aurelian*" 1766 erschien.

NEU-ENTDECKUNG
Der philippinische Ritterfalter *Papilio chikae* wurde erst vor kurzem entdeckt. Er ist durch die Zerstörung seines Lebensraums sowie durch Sammelleidenschaft gefährdet.

LANGSCHWÄNZIGE SCHÖNHEIT
Der wohl schönste europäische Nachtfalter, der Spanische Mondspinner, *Graellsia isabellae* (Französische Alpen, Zentralspanien), steht jetzt unter Naturschutz.

Der einzige europäische Augenfalter mit geschwänzten Hinterflügeln

Alte Zeichnung eines genadelten Schmetterlings

Sammelkasten aus dem 19. Jahrhundert (links)

Kam einst in den Dünen der kalifornischen Küste vor

Unschuldige Opfer
„Tot wie ein Dodo" heißt die englische Redewendung für alles unwiederbringlich Verlorene. So wie der Dodo (flugunfähiger Vogel auf Mauritius; im 17.Jh. ausgerottet) sind auch viele einst häufige Schmetterlinge ausgestorben. In Großbritannien versuchte man, die verschwundenen Arten durch verwandte Unterarten vom europäischen Festland zu ersetzen. Doch in der Regel sind ausgestorbene Arten nicht zu ersetzen. So sind viele der herrlichen Insekten heute eben „tot wie ein Dodo".

Der Essex-Smaragdfalter, *Thetidia smaragdaria* (Europa), ist in Großbritannien sehr selten geworden.

IN MEMORIAM
Die internationale *Xerces Society* erinnert an den kalifornischen Xercesbläuling, *Glauscopsyche xerces*, der zuletzt 1941 bei San Francisco gesehen wurde.

EIN NEUER ANFANG *(links)*
Nachdem ihre Lebensräume weitgehend zerstört waren, starben der Große Goldfalter und der Große Fleckenbläuling in Großbritannien aus. Mittlerweile wurden Unterarten vom europäischen Festland in ausgewählten Gebieten neu angesiedelt.

Der Große Fleckenbläuling, *Maculinea arion* (Europa), wurde erst kürzlich wieder in Südwestengland angesiedelt.

Der hübsche Große Goldfalter, *Lycaena dispar* (Europa), starb um 1800 in Großbritanien aus (S. 28).

Sehr große, schön gezeichnete Flügel

EIN AMERIKANER VERSCHWINDET
Der Scheckenfalter *Speyeria idalia* kommt in Kanada und einigen Staaten der USA vor. Doch weil Grasland unter den Pflug genommen wird, ist er sehr selten geworden.

EIN SAMMLER AUS DEM 19. JAHRHUNDERT
Das Muséum Nationale d'Histoire Naturelle, Paris; das Smithsonian, Washington; das Natural History Museum, London und Schmetterlingssammlungen in anderen Museen wurden von leidenschaftlichen Sammlern bestückt.

KEIN WALD, KEINE SCHMETTELINGE *(oben)*
Eine weitaus größere Bedrohung für Schmetterlinge als Sammler oder Krankheiten stellt die fortschreitende Zerstörung ihrer Lebensräume dar. Gegen übermäßiges Sammeln gibt es in vielen Ländern heute Gesetze. Doch weltweit müssen wichtige Lebensräume der Schmetterlinge, wie dieser mittelamerikanische Urwald, Städten und landwirtschaftlichen Nutzflächen weichen. Außerdem sterben viele Insekten durch Pflanzen- und Insektengifte.

RARITÄT AUS DEN BERGEN *(links)*
Der Korsische Schwalbenschwanz, *Papilio hospiton,* kommt nur in den Bergen Korsikas und Sardiniens vor. Das Sammeln des schon immer seltenen Falters ist heute verboten.

Männchen wie dieses sind zwar farbenprächtiger, doch Weibchen erreichen Flügelspannweiten von 280 mm.

BELIEBTES SAMMELOBJEKT *(unten)*
Der nur auf Jamaika vorkommende große Homerus-Schwalbenschwanz, *Papilio homerus,* ist bei Sammlern leider sehr begehrt. Er steht jetzt auf der Roten Liste (siehe S. 26 – 27).

SCHÖNER VOGELFALTER
Einer der größten bekannten Tagfalter, der Königin-Alexandra-Vogelflügler, *Ornithoptera alexandrae* (Neuguinea), ist durch Abholzen der Wälder und durch Sammler stark zurückgedrängt worden.

RICHTET KEINEN SCHADEN MEHR AN *(unten)*
Die Raupen des Baumweißlings, *Aporia crataegi,* waren einst gefürchtete Obstschädlinge. Heute ist er in Europa selten geworden, in Großbritannien schon ausgestorben.

Durch große Flügel und Schwanzfortsätze leicht als Ritterfalter zu erkennen

Für Ritterfalter typische Hell-Dunkel-Kontraste

HEUTE HIER, MORGEN TOT?
Noch gibt es den Zebraritterfalter, *Eurytides marcellinus,* in einigen Gegenden Kanadas und der USA. Doch durch Vernichtung seiner Futterpflanze und durch das Wachstum der Städte ist er bedroht.

Schmetterlinge beobachten

Lange Zeit sind Schmetterlinge zum Zeitvertreib oder für wissenschaftliche Untersuchungen gefangen worden. Doch sind Beobachtungen im Freiland viel interessanter und gefährden die Tiere nicht. Man kann Insekten auch fotografieren oder mit einem Käscher fangen und sie nach genauer Betrachtung wieder freilassen. Auch tagaktive Nachtfalter kann man so untersuchen. Beim Beobachten von Schmetterlingen kann man viel über deren Verhalten lernen. Fressen sie zu bestimmten Zeiten? Haben sie Reviere, und wenn ja, wie verteidigen sie sie? Wandern sie, wenn ja, wann? Gibt es jahreszeitliche Unterschiede im Flugverhalten? Diese Art der Schmetterlingsbeobachtung erfordert keine große apparative Ausstattung und kein Töten – alles, was man braucht, ist Geduld.

Karikatur eines Insektensammlers aus dem 19. Jahrhundert

NADELN
Die Schmetterlingssammlung: einst ein beliebtes Hobby

☞ HINWEIS FÜR SAMMLER
Viele Schmetterlinge stehen unter Naturschutz, und in manchen Ländern ist Sammeln ohne Genehmigung verboten. In Naturschutzgebieten ist Sammeln generell und Beobachten abseits der Wege verboten. Für bestimmte Schmetterlinge gibt es in vielen Ländern Ausfuhrbeschränkungen sowie internationale Handelsbeschränkungen. Man sollte sich im Einzelfall immer über die örtlichen Bestimmungen informieren. ☞

AUFZEICHNUNGEN
Mittels Notizbuch (oben) oder Kassettenrekorder (unten) sollte man Beobachtungen über Aussehen und Verhalten von Schmetterlingen festhalten, ebenso Datum, Zeit, Wetter und genaue Ortsbeschreibung. Ein guter Feldführer hilft beim Bestimmen.

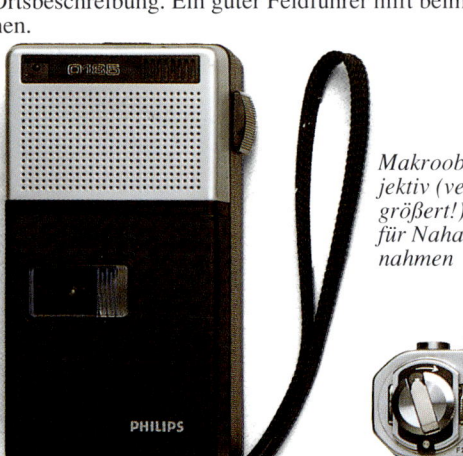

Makroobjektiv (vergrößert!) für Nahaufnahmen

NAHAUFNAHMEN
Die besten Aufnahmen erhält man mit Spiegelreflexkamera und Makroobjektiv bei Sonnenlicht. Im Schatten Blitzlicht verwenden!

MONOKULAR
Im Gelände eignet sich ein kleines 8 x 20 Fernrohr (8-fache Vergrößerung, Linsendurchmesser 20 mm).

KÄSESCHACHTELN

In Schachteln mit Kunststoffdeckel kann man Insekten genauer betrachten und sie dann möglichst bald wieder freilassen.

Sammel-schachteln

SAMMELGEFÄSSE

In jedes Sammelglas legt man einen Zweig für den Schmetterling. Er sitzt dann ruhig und verletzt sich nicht beim Herumflattern.

NÄHERE BETRACHTUNG

Viele der in diesem Buch erwähnten Strukturen kann man nur mit einer Lupe betrachten.

Normaler Insektenkäscher – für Schmetterlinge nicht geeignet

Schillerfal-ernetz

JAGDFIEBER

Dieser Sammler jagt mit einem großen Schlagnetz, wie man es zum Vogelfang benutzte. Zu Beginn des 19. Jahrhunderts war Schmetterlingssammeln ein harmloses Hobby.

Sammelgefäß

Ein unten abgerundetes Netz verringert das Risiko, den Schmetterling zu beschädigen.

NETZFANG

Das Schmetterlingsnetz wird wie unten dargestellt durch die Luft geführt. Durch den Bogenschlag wird der Schmetterling gefangen und kann nach einer schnellen Drehung des Handgelenks nicht mehr entkommen. Dabei muß man aufpassen, daß man Insekt und Netz nicht an Dornsträuchern beschädigt.

Langes, feinmaschiges Schmetterlingsnetz; dunkle Gaze ist weniger auffällig als helleres Gewebe.

FÜR WIPFELFLIEGER

Dieses Netz dient zum Fangen von Faltern, die in Baumwipfel leben, wie der Große Schillerfalter, *Apatura iris* (Europa, Asien; S. 29).

Schmetterlinge züchten

Ein kunstvolles „Raupenhaus" aus dem 19. Jahrhundert

Die meisten Schmetterlinge lassen sich unter bestimmten Voraussetzungen leicht züchten. Man sollte die Insekten immer vorsichtig behandeln, sie bei ihrer natürlichen Umgebung entsprechenden Temperaturen halten und jeder Art ihre spezifische Futterpflanze geben. Raupennahrung muß frisch sein – also frisch gepflückte Blätter oder ganze Pflanzen im Blumentopf. Manchmal scheint die Pflanze völlig in Ordnung, aber die Raupen nehmen sie nicht an – wenn die Pflanze nicht genug Wasser hat oder wenn es zu kalt ist, fressen die Raupen nicht. Man weiß immer noch recht wenig über die Bedürfnisse pflanzenfressender Raupen; so sind manche Arten sehr wählerisch, andere, z. B. einige Getreide oder Mehl fressende Zünsler, sind leicht zu halten. Sofern sie überhaupt Nahrung zu sich nehmen, begnügen sich Schmetterlinge manchmal mit Schnitt- oder Topfblumen. Viele trinken gern eine stark verdünnte Zucker- oder Honiglösung. Doch in der Regel sollte man die Falter nicht zu lange in Gefangenschaft halten, sondern bei geeigneten Wetterbedingungen baldmöglichst nach dem Schlüpfen freilassen.

Raupenhaltung

Raupen sollten in einem Spezialkäfig oder unter einer Gazehaube direkt über der Futterpflanze gehalten werden. Zwar sind manche Arten auf eine einzige Futterpflanzenart spezialisiert, andere aber nehmen verschiedene Nahrung an. Manche Raupen stürzen sich sogar auf Kunststoffteile und Kunstfasern, obwohl sie davon nicht leben können.

VORSICHTIG ANFASSEN
Raupen sind sehr empfindlich. Am besten hebt man sie mit einen feinen Pinsel auf. Manche Raupen besitzen stechende Borsten, ein weiterer Grund für vorsichtige Handhabung.

Futterpflanze

Zeitungspapier

Reißverschluß zum Öffnen

Gaze   *Holzrahmen*

Zeitungspapier

FEINMASCHIGER KÄFIG
Die Wände aus feiner Gaze schützen die empfindlichen Insassen. Ein Reißverschluß ermöglicht den Zugriff; Papier fängt Kot und Pflanzenreste auf.

Plastiktablett als Käfigboden

SELBSTGEZOGENE NAHRUNG
Im Käfig gezogene Pflanzen sind für Raupen besonder attraktiv. Da sie aber meist viel fressen, sollte man immer Pflanzen in Reserve haben.

BLUMENTOPFKÄFIG
Man kann Raupen auch auf einer Topfpflanze halten, über die man eine Gazehaube stülpt. Man sollte aber darauf achten, daß die Raupen die Pflanze nicht kahlfressen.

HALTUNG VON EICHENSEIDENRAUPEN

Hier werden Raupen des Eichenseiden-spinners, *Antheraea harti* (Asien), auf abgeschnittenen Eichenzweigen in einer Vase gehalten. Obwohl die Zweige so eine Weile frisch bleiben, muß man sie doch erneuern. Man stellt die Vase mit den Raupen am besten in einen Käfig, auch wenn diese Raupen meist so sehr mit Fressen beschäf-tigt sind, daß sie nur von Blatt zu Blatt kriechen.

Eine Spinnerraupe frißt an einem Eichenblatt.

Puppenkokon

Puppenkokon

Ein Papierpfropf schützt die Raupen vor dem Ertrinken.

Wasser

Die Zweige berühren die Tisch-platte, so daß herun-tergefallene Raupen wieder zurückklettern können.

Falterhaltung

Wenn aus den Puppenhüllen Schmetterlinge geschlüpft sind, benötigen diese andere Nahrung als die Raupen. Verschiedene Schnittblumen oder Zuckerlösung sind geeignet. Eine andere Möglichkeit ist das Anbieten von Fruchtsaft (unten). Vielleicht paaren sich die Schmetterlinge sogar, bevor man sie freiläßt, und man kann die Zucht aufrecht erhalten.

Thorax

ANFASSEN

Man hält Schmetterlinge vorsichtig an den Flügel-basen, ohne den Thorax zusammenzudrük-ken. Druck auf den Thorax ist eine von Sammlern angewendete Tötungsmethode.

TRANSPORT

Nachtfalter klettern manchmal auf einen hinge-haltenen Finger. Man kann sie dann in einen Käfig bringen und züchten oder beobachten.

Klickfalter, *Hamadryas feronia,* (Nord-, Mittel- und Südamerika)

Thorax

Saugrüssel

FRUCHTSAFT-TRINKER

Schmetterlinge trinken gern den Saft von Frucht-stücken. Mit vielen verschiede-nen Früchten werden sie meist in zoologischen Gärten und Zuchtanstalten ernährt.

SCHMETTERLINGSWIESE

W. Scott Myles malte im 19. Jahrhundert diese Wiese mit verschiedenen europäischen Falte-rarten, die sich um ihre jeweiligen Futterpflanzen, wie Löwenzahn, Disteln und unterschiedliche Gräser, versammeln. Durch entsprechende Blumen und Gräser kann man Schmetterlinge auch in den eigenen Garten locken.

Register

Bildnachweis

o = oben, u = unten, m = Mitte, l = links, r = rechts

Ardea London: 26ur; 27ur; 35om; 37mr; 50ml; 51mr, ur, 55ml, ul; 57mr
Bridgeman Art Library: 6ol; 24o

Trustees of the British Museum: 6ur; British Museum (Natural History): 58o, m
Professor Frank Carpenter: 6ul
E. T. Archives: 12o; 49mr
Fine Art Photographs: 63ur
Heather Angel: 26ul; 27ul
Jeremy Thomas/Biofotos: 31or
John Freeman London: 34ml; 45or

Mansell Collection: 14o; 40ol, ul
Mary Evans Picture Library: 10o; 40or; 56ol; 60ol
Oxford Scientific Films Ltd.: 11ul; 45mr; 55om, mr; 56m; 59ol
Paul Whalley: 29om; 38ml; 59um; 61or
Quadrant Picture Library: 44ml
Royal Botanic Gardens, Kew: 33m

Sonia Halliday Photographs: 40m

Illustrationen: Coral Mula S. 61, 62 – 63; Sandra Pond S. 50 – 51; Christine Robins S. 16 – 17, 18 – 19, 29 – 29, 30, 32.

Bildredaktion: Millie Trowbridge